CONÓCETE
A Ti Mismo
EN EL CONOCIMIENTO
Dentro De Ti

CONÓCETE

Al Ti Mismo

EN EL CONOCIMIENTO

Dentro De Ti

RICHARD JOHNSON

Printed in the United States of America

ISBN 979-8-89114-141-4 (sc)
ISBN 979-8-89114-142-1 (e)

Library of Congress Control Number: 2024923760

2025.01.27

MainSpring Books
5901 W. Century Blvd
Suite 750
Los Angeles, CA, US, 90045

www.mainspringbooks.com

PARTE 1

Ser Neutral

Esta es mi autobiografía, desde dentro hacia fuera, viendo todos los hechos que han transcurrido alrededor de mi vida. Tomando un poco de esta historia, sin que parezca ficticia, explico como las pandillas(Latin King, Bloods,S & M) el sindicato de Texas, la crueldad con los individuos dentro de los centros de reclusión de Texas, y en cómo todas estas situaciones tomaron efecto en el año 1994. Después de dos años y medio, muchos de nosotros no podríamos haber logrado muchos cambios sin el señor Al. Yachwshah, tales como el odio hacia los reclusos texanos, el tipo de cargo de crimen que logró tu sentencia, el color de piel tuvo un cargo importante en quién podría obtener más visitas conyugales, hasta quien podría controlar para obtener tus recursos económicos.

En mi relato, he cambiado algunas fechas, lugares a algunos individuos de ser heridos por mí, R.J, como escritor. Un poco la idea de todas las cosas de las cuales aquí relato, es para darle conocimiento y sabiduría, a los jóvenes afroamericanos o hispanos que están en prisión. Ya que muchos de estos jóvenes se dejan guiar o presionar por personas que intentan influir con ciertos hábitos los cuales son peligrosos. Intento ser un guía para todas las personas que están en prisión o pasaron por prisión, para que observen los errores que han cometido, por lo cual estos hicieron que llegaran hasta esa posición. Entender quiénes son, escucharse a sí mismos.

Yo, Richard Johnson, estaba lidiando con una separación con mi esposa y el hecho de no querer a otro individuo que no fuera yo como figura paterna para mis hijos.

En 08/09/1989 mi rumbo cambió. Decidí irme de Houston, Texas y regresar a Albuquerque, Nuevo México. Mientras esperaba mi traslado de trabajo me toco que recurrir a residir en un motel en la avenida central y acudir a un refugio llamado salvation Army Homeless que asiste en dar comida a personas con problemas financieros y así preservar mi dinero. En ese lugar un señor mayor se acerco a mí y pude notar su aspecto que caracterizaba un radio en su hombro, un gorro de kangol de color fosforescente, escuchando musica de Al Green, su nombre Mrs Al me dijo que en ese lugar no me duraría el dinero y me ofrecio su ayuda a mostrarme como funcionaban las cosas en ese lugar. El señor Al me dijo que mi dinero no duraría mucho allí. Cuando se acercó, noté que llevaba una radio en el hombro, bajo un sombrero Kangol de colores psicodélicos, y escuchaba la música de Al Green. Me dijo: 'Déjame mostrarte cómo poner tu negocio en marcha'.

Tomó una lata y la extendió frente al CVS Market, sugiriendo que pidiera dinero a cambio de periódicos. Le dije que nunca había hecho algo así, que siempre había trabajado honestamente. Me preguntó cuánto dinero tenía y al decirle 55 dólares, respondió: '¿Cuánto crees que durará eso hasta que te llamen del trabajo?'.

A regañadientes, tomé la lata y me paré frente al CVS. La gente comenzó a dar dinero, pero a mí no me gustaba la idea. Entonces, llegó una mujer llamada Deanna, que parecía muy amable. Me preguntó qué hacía un hombre como yo en ese lugar. Intenté explicarle, pero Al me interrumpió diciendo que no arruinara su plan. Deanna me dio su número de teléfono y me invitó a contactarla. Después de siete horas de pie frente a un CVS, vi pasar a todo tipo de personas, de todas las edades y orígenes. Culminamos nuestro día en un Motel, compramos pizza y alcohol, charlamos y planeamos lo que haríamos el siguiente día. Semanas pasaron y me encontré cara a cara con mi manager Jeff Peterson seguridad de Guardsmaty SunWest Bank me pregunto -

¨¿Qué estás haciendo aquí? Llegaron tus papeles de transferencia y no hemos podido contactar contigo en semanas. Vamos a la oficina te daremos un alojamiento en SunWest Bank hasta que puedas obtener un apartamento ¨,Llegamos a SunWest Bank Jeff me mostró mi alojamiento temporal hasta que pueda obtener dinero para conseguir alojamiento permanente.

Sucedió un incidente que acortó mi tiempo en Sunwest Bank. Durante una ronda de seguridad habitual, inspeccionando todas las áreas y verificando que todo estuviera asegurado, decidí revisar el interior de la bóveda. Mientras examinaba algunos billetes de 1000 dólares, se me ocurrió una broma: comencé a frotarme uno de ellos por todo el cuerpo, La cara, los brazos, hasta el trasero. ¡Solo era una tontería!

Posteriormente, noté a alguien afuera del banco buscando refugio del frío y la lluvia. Era el Sr. Al, a quien dejé entrar al vestíbulo. Más tarde, se quedó dormido y lo dejé salir a las 5 de la mañana.

Al día siguiente, mi gerente, Jeff, me informó que quería verme en la sala de conferencias. Resulta que alguien había grabado un video donde aparecía frotándome el billete de 100 dólares y otro donde el Sr. Al dormía en el sofá del vestíbulo.

Jeff me explicó que estas acciones habían sido consideradas inapropiadas y que podrían poner en riesgo la seguridad del banco. Me dijo:

¿Sabes cuántas personas intentarían imitar al Señor Al, a dormir en el mueble o incluso en el piso? ¡Muchos harían de todo para poder estar aquí! Con un arma y despertar y robar este banco? Mira Richard espero que no te lo tomes a mal pero te transferirá a la vieja Secundaria de Albuquerque en la calle del centro es un edificio abandonado no tendrás que hacer nada más que cuidar de la propiedad, evitar que los niños se caigan de una tarima, parar a los vagabundos y no permitir acceso a la propiedad.

Serás un buen chico y regresarás al edificio de Sun West Bank, por ahora este es tu castigo. Cuando creí que había conseguido un lugar tranquilo para poder abrir mi maleta y tomar mis escritos, siendo este lugar otro hotel "Travel Inn". Al tomar mis escritos, comencé a ver la concordancia de mis escritos hebreos, griegos, buscando en la biblia desde génesis al Éxodo, Levítico, Números, Deuteronomio, con la función de poder verificar qué tan dominado tenía este tema, lo cual era un poco complicado para mi.

Me comencé a hospedar en un motel cerca de mi nueva área de trabajo, finalmente un lugar tranquilo y callado, pensé. Abrí mi maleta y de nuevo tomé los escritos de literatura griega, hebrea de concordancia, empecé a dominar la lectura bíblica desde Génesis hasta Éxodo, Levítico, Números y Deuteronomio. Revisando todos los folletos que tenía a la mano que estuve estudiando, tome en cuenta que necesitaba mucho más tiempo para poder analizar, aprender y dominar todas estas lecturas, sentí como que me estaba alejando de lo realmente importante, no sabía si era yo concretamente o era mi alrededor lo que me estaba alejando de lo que quería hacer. No tenía un momento para pensar en mi trabajo, el agobio de ser seguridad y toda la responsabilidad que conllevaba, no me permitía hablar de religión.

Después de trabajar durante varios meses, hicieron mi traslado a ser seguridad del conjunto de apartamentos Sun Village, siendo seguridad en la puerta principal, luego me transfirieron a una plaza de juegos al otro lado de la calle de la escuela secundaria Del Norte. Un viernes por la noche en el Gameroom Plaza, donde una película "Theater was downstair" estaba en reproducción. Uno de los gerentes se comunica conmigo, acto seguido me informa que hacen falta una serie de abrigos, lo cual se me hizo particularmente extraño, el comenta que estos abrigos de la Fábrica Burlington suelen ser tomados por los alumnos de la escuela del Norte, los cuales vienen en las horas del almuerzo y sustraen los abrigos y las chaquetas de la fábrica, estos son de los 49ers, específicamente, lo cual es bastante curioso. El gerente me comienza a explicar que habían 25 chaquetas de los 49ers, que era extraño porque había visto que un chico solamente tenía una de estas chaquetas en la mano. Inmediatamente se llamó a la policía, la cual llegó minutos después a la escena. Se acerca al joven y el oficial afirma que es momento de llevárselo a la comisaría, puesto que había intentado hurtar una de las chaquetas de los 49er que se encontraban dentro de la Burlington Coat Factory. El joven estaba un poco asustado, por lo cual le dije al sheriff que me dejara hablar con el joven, el oficial Branch me dijo: SOY EL SHERIFF DEL CONDADO BERNALILLO Y NO ME DAS ORDENES.

A lo que le respondí al Oficial Branch: "conozco mis derechos como oficial privado o guardia de seguridad privado, por lo tanto se que en este lugar, en la fábrica para la cual trabajo, usted no tiene la misma autoridad aunque sea el sheriff del condado. Conozco mis derechos como guardia de seguridad privada. No puedes arrestar al joven hasta que le de la autorización para hacerlo,. Entonces, debe de esperar a que converse con el joven. ¨

Luego de que el sheriff retrocediera, al comenzar mi conversación con el joven, descubrí que era un muchacho hispano que apenas iba en noveno grado, le pregunté "¿Cómo te llamas mijo?"

A lo que él responde "Me llamo Sanchez, pero mis conocidos y amigos me llaman Snake".

Al proseguir con conversación le pregunté una explicación del porqué había tomado la chaqueta. El me dijo "Veníamos de la escuela era la hora del almuerzo, eramos mas o menos 25 chicos,todos agarraron chaquetas de los 49ers y salieron corriendo por las puertas de la fábrica a máxima velocidad, yo me quedé completamente tieso sosteniendo la mía".

También le pregunté ¨¿Cuál era el propósito de que tomarán estas chaquetas de los 49ers snake? ¨

A lo que él respondió ¨ Por que todos los de la pandilla de la calle 18th usan una chaqueta de los 49er, para formar parte de la pandilla hay que robar una chaqueta de los 49er pero yo no la robe ! ¨, Le pedía Snake que esperara en la oficina y que me comunicara con su mamá para que viniera por él.

El oficial Branch dijo "ese mocoso está en una pandilla"

"el aún no forma parte de una pandilla oficial Branch" - le dije

"No sabes con quién estás jugando!" - Exclamó el oficial Branch

"Lo siento, pero ni yo, ni el gerente de de la Burlington Coat Factory presentaremos cargos sus servicios ya no son requeridos ya se puede retirar muchas gracias" Le dije al oficial

Procedí a comunicarme con su madre Deanna para informarle de todo lo ocurrido le dije que viniera lo más rápido posible. El oficial permaneció afuera de la tienda intentando llamar mi atención, lo ignoré y regresé a cumplir con mis deberes. Mi turno terminó a las 8:30 pm y mientras caminaba hacia mi auto, pude notar el auto del sheriff del condado, acercándose lentamente hacia mí, bajando lentamente la ventanilla del pasajero, paro el auto al lado de mi y empezó a decir "Tienes razón, no hay nada que pueda hacer al respecto, si yo tuviera tu edad, me encantaria darte unos golpes sabelotodo, pero no puedo, lo que sí puedo hacer es que le haré una multa por estar estacionado en un lugar para discapacitados y asi termino mi dia.

Después de un tiempo logré reunir suficiente dinero para por fin rentar un departamento,en mi búsqueda de un nuevo hogar conoci a el propietario de un apartamento duplex llamado Michael Federoff que me permitió quedarme en una de las habitaciones gratis mientras trabajara en transformar el duplex en un apartamento de una habitacion y asi ahorre un poco más de dinero.

En ese momento mi moral estaba en su punto más alto pero comencé a sentirme mal y mi autoestima estaba al borde del colapso. Salí a pasear un poco por el centro para refrescar la mente e hice una pequeña parada en el restaurante Wienerschnitzel, después me encaminé a el flea market y pude reconocer una cara familiar que he visto muchas veces por este lugar.

Estas ofreciendo algo esta noche ? -pregunte Si, Pero solo sexo oral - contesto ella

¡Perfecto! - exclamé

Acordamos entre las 6:00 pm - 6:30 pm, Me dirigí al lugar acordado al llegar, salí de mi auto y como todo caballero le abrí la puerta del lado pasajero al cerrar la puerta del auto pude notar a unos 30 pies de distancia un hombre de piel oscura que pude reconocer como Ellen Marvin Marquis, quien la instruía en lo que debía de hacer.

Retome mi puesto hacia el lugar del conductor y mientras nos dirigimos a nuestro otro destino, pude notar en el espejo retrovisor, un auto.

Tammy, ¿Sabes si alguien nos está siguiendo? Es que veo un auto sospechoso detrás de nosotros - Pregunté

No, no veo a nada - respondió Tammy

Estacioné el auto detrás de una tienda, le pregunté a Tammy si se sentía cómoda o si necesitábamos ir a un lugar más privado, pero ella me aseguro de que se sentía cómoda en el auto. Saqué mi billetera, tomé el dinero y le di 30$. Mientras ella se dispuso a llevar a cabo sus servicios noté que ella estaba buscando "algo" debajo de mí asientos me preocupe por que tenia un poco de efectivo suelto en mi asiento.. El asiento estaba inclinado hacia atrás cuando mire hacia arriba note que ella ya no me estaba haciendo el oral por el que pague, en vez de eso estaba masturbandome con su mano izquierda y con la derecha sostenía una botella en su mano derecha que venía acercándose lentamente a mi cara. Procedí a quitarse la botella le exijo que asumiera su posición y que ya le había pagado sus servicios.

Estás intentando robar el dinero debajo de mi asiento - le dije

Tammy asustada no sabía donde mirar, sin escapatoria accedió a tener relaciones sexuales, se desvistio y use mi uniforme de seguridad para cubrir los asientos de atras de mi auto.

¿Qué es esto ? - pregunto Tammy antes de recostarse Lee lo que dice el gorro - le dije

El guardia inteligente de seguridad leyó Tammy en voz alta y proseguimos. Después del restaurante de comida rápida Wienerschnitzel hablamos alrededor de unos 35 minutos.

¿Vendrás a verme? Pregunto Tammy

Seguro pero necesitamos encontrar un trabajo para ti en esta área donde tu guardaespaldas no te persiga. - le dije

Lo se, pero el me protege de los idiotas que estan por la calle- dijo Tammy

Le hice promesas que me aseguraré de mantener, nos abrazamos, y besamos mientras ella estaba en mi regazo. Nuestro tiempo juntos estaba culminando.

¿Cuándo te podré ver de nuevo?- preguntó Tammy con la puerta abierta No más tardar 5 días - le contesté.

Después de dejar a Tammy me dirigí a al centro a mi siguiente destino el restaurante Miltons, Me sirvieron la cena a las 6:35pm y mientras comenzaba a degustar la comida tres hombre entraron violentamente y me apuntaron fijamente.

AFUERA !! TU !! AHORA MISMO!! -Me dijo un hombre joven de tez oscura mientras me mostraba su arma, un joven de tez blanca con un bate de baseball l en su mano derecha me miraba de forma amenazante. procedí a seguir sus órdenes, salimos y nos acercamos a mi auto uno de los jóvenes que los acompañaba tenía un destornillador acto seguido se dispuso a quitar las placa de mi auto se montaron en su auto y desaparecieron, me pareció tan bizarro la situación en mi estado de shock me comunique con el departamento de policías de albuquerque, llegaron en 5 minutos a mi ubicación les reporte de lo ocurrido, no pudieron hacer nada así que me tocó que regresar a mi casa para alistarse y reportarme a el trabajo.

Hubo otro incidente que ocurrió mientras paseaba en mi auto un Mazda R X 7 cerca de la área de Tomball una zona peligrosa, Reconocí a una vieja amiga con la que solía pasar tiempo en el Motel y ver televisión, Ella estaba parada cerca de la esquina de la calle esperando por alguien, Estacione el auto al frente de ella y le pregunté qué estaba haciendo aquí.

Hey Rj vete de aquí ahora mismo - me dijo con un tono de urgencia y preocupación No, subete al auto, ¿qué haces por esta zona ? aquí hay gente peligrosa - le dije

Accedió a subir al auto, Y me ofrecí a llevarla a su Apartamento ella no conté con que tedría visitas, y me dijo que no se tardaría y regresaría en unos minutos, pero los minutos seguían pasando y ella no aparecía me comencé a preocupar. Un hombre abrió la puerta y me informó que ella no tardaría en salir. Permanecí afuera del apartamento por 10 minutos en una calle muy oscura donde solo había un poste de teléfono en el medio de la calle,Quería averiguar por que tardaba tanto Me aventure a la puerta del apartamento cuando fui recibido por lo que pude distinguir un la figura de un hombre que mantuvo la puerta abierta solo 1 ½ pies abierta.

Hey La chica que entró hace un rato sigue aquí ?- le pregunté con una extraña sensación, algo dentro de mí gritaba ¡CORRE CORRE CORRE!. No me contestó y la sensación seguía presente como un presentimiento de que algo malo ocurriría decidí alejarme de la puerta y salí disparado hacia mi auto, mientras intentaba abrir mi auto 3 hombres se acercaron a mi.

Queremos el dinero -dijeron

No me dejaron reaccionar cuando comenzaron a golpearme, alguien me golpeó con un ladrillo en la cabeza el golpe fue tan fuerte que me desplome al suelo aturdido, Uno de ellos me levanto y en el acto mi billetera cayó al suelo, uno de ellos noto mi Placa de Seguridad del trabajo que estaba en mi billetera

Hey 5 déjalo ir - Gritó uno de ellos y se echaron a correr

Me golpearon tan fuerte que me sentía desorientado no tenía idea de donde estaba mi auto, por suerte las llaves todavía estaban en mis manos así que intuí que mi auto seguí a mi lado pero por la oscuridad y lo mareado que estaba no podía insertar las llaves en la puerta del auto para abrirla. finalmente recobre un poco de estabilidad y pude acceder al auto cerré con seguro inmediatamente y arranque el auto lo más rápido posible casi no podía ver mientras manejaba y me estrelle con acera de concreto en el medio de la carretera de la avenida central. Un Sheriff que rondaba la zona de estación y se acercó.

¿Qué has estado haciendo ? te miras como si te fueran sacado la mierda en la vecindad, Vamos a la estación de policía de Tomball, tomemos tu declaración para que puedas irte de esta zona.- me dijo el Sheriff

Hey me recuerdas Soy el Oficial Branch ! wow es impresionante como el Karma se regresa, Aunque si hubiera puesto mis mano en ti aun te veria bien pero estoy muy viejo no podría haber hecho un mejor trabajo de lo que hicieron ellos. ¡Solo un matón puede hacer un trabajo así ! Quien era el caballero que te sostuvo de una pierna creo que se apoda Maddog y sacudió como Popeye el marino.- me dijo el Sheriff Branch con tono de burla.

Señor aún no he dado mi declaración, supongo que usted estaba observado - le dije

Bueno suficiente lo siento me disculpo vamos al grano ya recibiste de tu propia medicina necesita ir a un hospital - me pregunto

No señor - le dije

Está bien! dígame, ¿Por qué salieron huyendo? me puede decir por que lo tiraron y salieron huyendo asustados, es lo más raro que he visto- preguntó no quise decir nada, a lo cual el oficial branch en una situación de quererme engañar para que le dijera algo, sostuvo que iríamos de vuelta a la habitación de interrogación. Cuando llegamos me percaté que él había tratado de tenderme una trampa, puesto que una de las personas que me había golpeado, A. J Houston estaba en la habitación, acto seguido le dije al oficial que me iría. Meses después, para ser precisos 6 meses después, me entro una llamada inesperada del detective Arbogast del condado de Bernalillo, quería que fuera a su oficina dentro de 3 semanas para hablar sobre algunas declaraciones en mi contra. Más tarde en Tombal Street, Albuquerque, Nuevo México, vi a una persona de tez oscura con el nombre de Tojanna Stevens, en los apartamentos nos solíamos encontrar con continuidad unas 3 a 4 veces e ir a lugares. No la he visto desde hace dos meses, sin embargo, cuando la vi recuerdo que estaba necesitada de dinero, la ayudé con un poco del dinero que tenía. Fuimos a pasear a ciertos lugares, como Miltons café dentro del cual comimos algo, luego nos dirigimos a otra ubicación y mientras yo estaba conduciendo ella me pide que me detenga y nos empezamos a besar, y procedimos a tener relaciones sexules, y en el momento de pasión me comenzó a llegar un olor fétido, prendí la luz del auto y me di cuenta que Tojanna estaba en su menstruación. Me causó enojó y le pedí que bajara de mi auto, comencé a quitar las fundas de los asientos mojadas de su menstruación,de las cuales me tuve que deshacer de manera instantánea, y también le di el dinero que inicialmente le había ofrecido. Tuvimos una discusión seria al respecto y le mencioné que me tenía que haber dicho que su menstruación había llegado,y no debió permitir hacer tal cosas en la menstruación. fui duro con ella le falte el respeto verbalmente por el enojo que tenia, ella me dijo que se sentía apenada, a lo cual le dije

"Hey, calma no hay problema. Ven te llevaré de vuelta a casa", abrí el auto y conduje hasta su apartamento.

¿Hay algo más que pueda hacer por ti? no debí de tratarte así y no debí haberme comunicado contigo de esa manera.'- le comente

Hey esta bien esta todo bien " - fue lo que me respondió.

PARTE 2

Multiple Transgresion

Mi maldad comienza a manifestarse por las transgresiones que comencé a hacer. Me sentía solo, estaba lejos de mi mujer. Observe impulsos en mi que nunca antes había sentido, tome decisiones como empezar a tener más relaciones con mujeres. En 1990 un año después de mudarme a Albuquerque, N.M conoci un hombre llamado Lawrence, escuche que necesitaba un lugar para vivir solo tenia un auto y decidí ayudar al señor Lawrence y ofrecerle un lugar para quedarse a dormir en un motel, y tambien le comence a ensenar hebreo y a ensenarle que Biblia muestra solo su punto de vista negro, El señor Lawrence tenia alrededor de unos 42 años de edad y yo tenia 28 años de edad.

Quieres decir que de todo el tiempo que ha vivido nunca a tenido el conocimiento que dios es de nuestro color de piel - le dije

No lo sabía, siempre me han dicho que Dios era blanco, que las personas de piel blanca son limpias y las de piel negra es sucia, es malvado. - comentó el señor Lawrence

"Esta aquivocado Senor Lawrence el color negro es hermoso es por eso que esta comenzando tu transformacion ahora mismo por que todo lo que del otro lado del inframundo esta en su contra. ¿Sabías que necesitas melanoma en tu piel para soportar el calor y los fuertes rayos del sol ? y Dios porta esa piel tan hermosa y perfecta. La piel oscura era la única forma de sobrevivir el calor y el sol de 165(antes o después de cristo) según la biblia. ¿Has visto una película llamada Mandingo ? le dispararon al personaje principal con un rifle, se desplomó al suelo y lo apuñalaron con una horca en el pecho y fue arrojado a una olla hirviendo - le dije

Si, fue terrible - contestó el señor Lawrence. Ese dia hablamos por horas Tiempo después me reuní con una amiga que trabajaba en el hospital Baptist en

Albuquerque, N.M en la calle 1523 Rd como recepcionista y fumaba hierba conmigo. Su nombre era Charlene, nos reíamos juntos cuando escuché un golpe en la puerta. Era el senor Lawrence tuvimos una "confrontación " por que estaba fumando hierba verde y me dijo que estaba permitiendo la adicción tomar control sobre mí, él sentía que no estaba siendo justo al respecto y estaba siendo irrespetuoso por que yo estaba conciente que no estaba bien lo que estaba haciendo.

¿No piensan que están haciendo mucho ruido ? no creen que es un poco desvergonzado lo que hacen - dijo el señor Lawrence

"Señor Lawrence parece que usted ya salvó suficiente dinero y puede hacerse cargo de usted mismo, por que mejor no se va - le dije un poco alterado.

En ese momento sin pensarlo dos veces El señor Lawrence tomó sus cosas y abandonó la habitación. Seguimos siendo amigos y viéndonos algunas veces.

Recordando que algún momento de mi vida estuve sin hogar y sin trabajo, comencé a frecuentar el centro de Noonday a ofrecer ayuda en la cocina y ayudar a pasar el mercado a las personas que estaban necesitadas. la única persona que no me dejaría olvidar que estuve sin hogar y todo lo que vivimos es El señor Al, quien caminaba junto a mi con su radio en sus hombros su gorro kangol de colores psicodélicos en su cabeza y cantando la canción de Al Green

"Call me, Call me, Call me what a beautiful time we had together "- cantaba el señor Al. Siempre me hacia sentir mal el haber culminado mi aventura con el señor Al

Nunca debimos separarnos, debiste de quedarte en las calles conmigo eramos un buen equipo.- me dijo Al

Lo quiero mucho, me enseñó el truco de trabajar con una lata, pero no lo suficiente para quedarme en las calles, busque un trabajo - le dije mientras me alejaba.

Mantuve comunicacion con mi ex-esposa Lorrance, le mandaba dinero frecuentemente porque lo necesitaba para mi hijo Rayk-e, pero perdimos comunicación. Sintiéndome solo y depresivo comencé a salir con una escolta en 1990. Poco tiempo después conocí a una mujer llamada Henrietta Begay, en la Flea Market siempre me invitaba a la iglesia trabajaba en la tienda de ropa en la avenida central de Peachtree. Era una hermosa persona, hablábamos de escrituras bíblicas todo el tiempo. Cada vez que pasaba por la tienda donde trabajaba hablábamos sobre dios y sobre La imagen de dios que es un tema que nadie habla.

"The Flipside" es un show de caricaturas sobre unos adolescentes que han sido transportados a una dimensión llamada the flipside y se convierten en caricaturas.

¿Alguna vez has visto las caricaturas The Flipside ?- le pregunte a Henrietta

Sí solía verla todo el tiempo, me pareció una caricatura muy buena - me respondió Henrietta

¿Qué piensas de la otra cara de la religión ? lo que es blanco es negro, y lo que es negro es blanco - le comente

¿Qué quieres decir ? me podrías explicar qué quieres decir o darme mas informacion - dijo Henrietta un poco confundida y curiosa por el tema de conversación.

Si conoces la historia y tienes conocimiento de las leyes, derechos, y regulaciones de la colonia Romana sabrías que no te podían gritarte o azotarte si eras Romano. pero el señor recibió 37 cortes. Si un romano llegará a ser azotado la persona que cometiera tal acto sería torturado de maneras brutales tales como ser quemado lentamente y dejado desangrarse.- le dije haciendo una pausa.

En esos tiempos aún no habían descubierto la importancia del plasma y las propiedades que tiene. Si alguien recibía una herida de corte morían desangrados. En esos tiempos usaban las pieles de los sirvientes o esclavos y los marcaban con un hierro caliente. Algunos documentos de la historia de Xena la Diosa guerrera explicaba mucho sobre este tema - continúe con el hilo de conversación.

Minutos más tarde Marie una amiga de Henrietta se unió a nuestra conversación. Conversamos sobre por qué Paul el apóstol fue atrapado en el castillo de Jerusalem ? por que nadie se atrevió a ir hacia Paul el Apóstol y salvarlo, por el contrario Paul fue sostenido y jalado en cada extremo de su cuerpo hasta destrozarlo.

Días más tarde, el Detective Arbogast se comunicó conmigo, el sentía que no tenía motivos para detenerme, así que dejó el caso en espera por al menos otro año. tiempo después conectaron el primer caso con el caso más reciente, que tenía que ver con Tojanna Stevenson. En Agosto 25 de 1991 fui acusado y estuve retenido por 90 días esperando el día que presentaran mi caso.

" Por favor Señor Yachwshah si me ayudas a salir de esta situación y no voy a prisión prometo ser un hombre nuevo, ponme a prueba, pon a prueba mi espíritu y fe Señor te lo suplico ponme a prueba y veras si seré capaz de cumplir con tu palabra señor " - dije desesperado,Me senté a usar el baño y En ese mismo momento el señor Yachwshah me puso a prueba. Un oficial a cargo entró abruptamente.

"Deja lo que estabas haciendo y Sal del baño ahora mismo,Ya llegó la fecha de tu juicio

, qué haces vamos apurate "- dijo el oficial

"¿Estás jugando conmigo ? es enserio ? al menos déjame terminar y limpiarme el trasero "-le dije

"Sal apurate "- dijo el oficial nuevamente

"Te puedes callar y saldré apenas termine de limpiarme el trasero" - contesta agresivamente,.

Repentinamente se me cruzó por la mente la idea de que mis plegarias al señor Yachwshah y supe que el señor mandó al oficial a mi celda para ver si podría tener paciencia y ser calmado y responder de manera amablemente pero falle mi prueba, tengo enfrentar mis acciones y hacer lo que el señor me pida hacer.

Greg Worley fue mi abogado designado por el tribunal, Tuve un juicio por jurado. Dos personas decidieron abandonar el jurado, una de ellas, una mujer, dijo que su hijo estuvo en una situación similar. Testificó que no era necesario estar allí. El hombre, por su parte, afirmó estar ahí por un caso de violación, no para tomar una decisión sobre sexo consensual. El jurado se dividió y, al tercer día de deliberaciones, me sacaron de la sala.

En la celda, los dos guardias que me custodiaban me dijeron: "Te ves muy bien, estás haciendo un excelente trabajo".

Era hora de volver a la sala, pero al subir, la recepcionista estaba hablando con el juez, diciéndole que la amenazaron con pegarle en los ojos. También mencionó que se negaban a llegar a un veredicto a menos que yo firmara algo. Me llevaron al estrado del juez, junto con la recepcionista. Allí, Richard Blackhurst me dijo: 'Ya has admitido lo que hiciste, ahora tienes que firmar este papel'. Miré a Greg Worley, mi abogado, y le pregunté si tenía que firmar.

Él me dijo: 'Fírmalo'.

Pedí un vaso de agua y, mientras lo tomaba, me quitaron las esposas para que pudiera firmar el papel. Pero rápidamente me las volvieron a poner, y con las manos esposadas a la espalda. Me llevaron de vuelta a la celda mientras gritaba:

"¡No!, yo quiero mi agua, ¡quiero mi agua!".

Me encerraron en una celda pequeña, donde no paraba de preguntarme: '¿Qué está pasando? ¿Qué demonios he hecho?'. Los guardias, que habían estado conmigo durante los tres días, me dijeron:

"Eres la persona más tonta que he conocido en toda mi vida. ¡Era una cargo Allen! Una orden de escopeta, te engañaron y tú firmaste, admitiendo un crimen que no cometiste, ellos usarán ese papel al jurado y ahora el jurado deberá tomar una decisión con el veredicto donde te declaran culpable. Grite como tonto eso no cambiaba lo que habian hecho. lo que se firmo.

'Hace tiempo atrás cuando un hombre pecaba, nosotros decíamos no peques más pero eso no es como yo hago las cosas' dijo en voz alta el Juez Richard Blackhurst antes de leer el veredicto,para finalizar el caso uso el martillo en la mesa.

En 1994,fui sentenciado 22 ½ años en prisión, espere 12 días para ser trasladado al correccional para ser evaluado recordando que pude tener la posibilidad de salir y pagar la fianza antes de presentarme a la corte.

Mi amiga Henrietta Bagay me visitó en algunas ocasiones en la prisión del condado, en una de esas visitas vino con un hombre llamado Elmer Aragon, le pedí si podía pasar a mi trabajo por mi último cheque, ella accedió.

Gracias, La verdad es que no quiero vender mi auto R x 7 por la fianza - le dije a Henrietta, y de alguna forma fui convencido por ella de vender mi auto ya que no creía poder completar el dinero para la fianza sin vender el auto, lo cual fue una terrible idea ya que después de firmar el titulo del carro nunca más volví a saber nada de ella.

Me purificaron como oro refinado en fuego. Tuve la oportunidad de ponerme en contacto con uno de los mejores abogados Mary Hine 's, explicarle toda la historia.

"Estabas metiéndote con mujeres que prestan sus servicios en la calle huh !, conozco a las dos mujeres y sé que son prostitutas, por que no me llamaste desde un principio? Me podrias haber dado el auto y eso fuera saldado casi todo ! voy a necesitar al menos 10,000 dolares, Otra cosa Henrietta y

Elmer Aragón están siendo buscando, por cierto Estas a 997 millas de tu destino Felicidades Richard te han engañado

! "- dijo Mary

Me quedé sin palabras, mi enojo se multiplicó, finalmente magnificado y dirigido a las dos mujeres que habían hecho acusaciones falsas sobre mi. Tenía el dinero para pagar la fianza pero fui engañado por un predicador y un profeta.

Me quede en la cárcel por un caso de violacion por 18 meses. Yo solía decir siempre cuando es tiempo de enfrentar mis responsabilidades como Michael y con los pies en la tierra como Janet, haz que mis enemigos me escuchen mi furia. déjame tomar el control a cualquier costo y salir del correccional sin más pérdidas. ¿Quién es este que viene de Edom con túnicas rojas de carmesí ? abre mis caminos Oh Malach.

Permanecí en la cárcel del condado hasta que se me dio la sentencia por la corte. teníamos literas,mi compañero de celdas William Jimenes el cual que creí ser mi amigo, solíamos hablar sobre la palabra de dios, le mostré libros y libros, documentos de eventos históricos, el cual siempre pretendió creer y comprender hasta que un día tuvimos una discusión.

"Todo lo que dices te ha danado la cabeza, No creo en ninguna palabra de lo que dices"-dijo William.

"Hasta ahora me dice" - le dije frustrado. "Nunca me preguntaste" - me dijo.

Dos semanas después conocí a Paul un hombre de tez blanca y a Roberto Albert quienes se volvieron muy buenos amigos míos. Roberto vivía en Viejo México, me contó que su esposa hizo acusaciones falsas en su contra, que sus hijos también fueron partícipes de las mentiras ya que su esposa los hizo creer en las acusaciones que hizo, y ahora lo tiene que extraditar a viejo méxico, desde Albuquerque N.M. Mientras estaba en prisión le deje saber que sus cargos serían retirados y así ocurrió. Roberto no creyó que sus cargos habían sido retirados el sentía que pasaría encerrado en prisión por 30 años, rezamos todos los días y le dimos gracias al Señor Yahwshah. Roberto siempre me platicaba sobre el espíritu de la verdad,y de quienes somos antes de venir a la tierra.

Un día me contó sobre una visión que tuvo en un sueño, eran como visiones presentadas por alguien un ser que estaba muy por encima de la tierra en un gran bote y me comentó que no le podía ver la cara a la persona con la que estaba en el bote.

Por las siguientes tres semanas Roberto no paraba de hablar sobre sus visiones para ser honesto ya me tenía un poco fastidiado, ya no sabia como responderle !si le creía

!, pero no del todo solo pude creerle hasta que tuve dos visiones.

En la primera vision estaba observando a dos personas teniendo relaciones sexuales, en la vison presencie una Tomografía o un Radar de una vagina givante y la parte intima del hombre entrando y saliendo una y otra vez, nada sexual era como la imagen actual de una tomografia computarizada viendolo en 3-D y mientras observaba pense, *Que es esto?* pude observar a un círculo que apuntaba a un punto en específico y se expandió tan grande como un globo. Me asuste, en el instante cuando supe el mensaje que la visión me estaba tratando de hacer entender que tenía SIDA. En ese instante entré en pánico.

"Por favor quítame esto, por favor Señor"-dije

"Esta bien, pero a cambio recibirás dolor y sufrimiento como recordatorio" - dijo el señor Yawchwshah

Me desperté sudando y asustado intentando olvidar lo que pasó en la visión, el señor sabe muy bien que no quería recordar esa visión y cuando al fin me llegó el sueño, tuve la segunda visión. Eran muchas visiones al mismo tiempo, eran tantas que no podía llevar la cuenta, solo recuerdo estar en un bote que estaba alto y muy cerca de las estrellas de la tierra.

Mirando a una persona que se miraba muy familiar, cuando observé mejor pude notar que era Roberto, había otra persona más con nosotros una clase de ser celestial sentado directamente en frente nuestro. No se me fue permitido ver su rostro por el poder radiante de este ser.

"Sal de aquí" - dijo el ser celestial. No podía comprender el ¿Por qué?.

Salgan de aquí de una vez - volvió a repetir.

Descendemos en las nubes y terminamos entrando dentro del océano en un especie de túnel que nos conducía a la tierra, en una cueva gigante, y mientras caminábamos, una presencia estaba conmigo y de repente mi amigo Roberto desapareció, no lo podía encontrar. Avance y comencé a distinguir una especie de destello de luz que me sobresaltó, el color del destello eran como una especie de todos los colores juntos. Corrí hacia ese destello para recibir luz, en camino hacia la luz me encontré con lo que parecía ser una mujer vestida de armadura rojiza, hablando sobre una mesa. Había millones y millones de quiénes son los llamados santos que han caído al tomar el mundo. Todos fuimos golpeados por una oportuna secuela del genocidio apócrifo de una genética carnal. Seres angelicales, cambiadores de forma, la rodearon, observándola mientras ella tenía una audiencia gigante. Yo la escuché decir:

"Nadie puede detenernos, somos invencibles a los ataques. En cuestión de tiempo vamos a demoler la tierra".

En ese momento, alguien al lado derecho de mí se mostró con un color marrón dorado y luego se volvió plateado, como si se estuviera transformando en una luz blanca, colores entre colores, pero solo una entidad. Es Yachwshah, de los más brillantes que han visto. Los seres angélicos vinieron corriendo hacia mí, pues él es mi fuente de eterna y verdadera presencia de luz. El ser angelical corrió por las paredes de la cueva gigante, como si volara. Yo corrí, tomando una izquierda, luego una derecha, corriendo tan rápido como pude, pero ella me alcanzó. Caminando hacia mí, se colocó frente a mí y dijo:

"¿Quién eres?".

Me quedé sorprendido de ver agujeros dentro de su piel, como si su piel no fuera realmente su carne, y le dije:

"Usted sabe quién soy,!El eterno, ojos que todo lo ven de las siete menorah del génesis del genocidio de la marca más santa de los siete malaquías. Yo soy Yachwshah Adamal, ¡que usted y todos los demás no pueden derrotar!".

Me desperté rápidamente y corrí hacia Roberto, y antes de que pudiera explicarle a Roberto sentí una presencia que intentaba acercarse como un acuerdo, la sensación duró unos 30 segundos como un campo magnético de poder fortalecedor, una presencia tan fuerte, le pregunté a Roberto si podía sentirla.

"Si, la siento" dijo Roberto

"Es una sensación, de purificación que siento desde mis dedos de los pies hasta mi cara "- le comente

"¿Ahora si me puedes ayudar a comprender la visión ?"- preguntó Roberto "Si amigo, en la visión te vi en un bote si te creo" -Le dije a Roberto.

Procedí a contarle mi interpretación del sueño y lo profundo de su visión. Él se sintió bien, se sintió honrado. Ahora para la primera visión de mi interpretación, cuando fuimos hasta la televisión, todo el mundo estaba viendo las noticias y luego una noticia de emergencia, interrumpió la emisión del noticiero, donde mencionan **Tenemos un informe, en las noticias de** última **hora, una mujer murió de SIDA, el dia de hoy**" mostraron una foto de la mujer la cual, era una mujer que reconoci. Me levanté de la mesa y caminé directamente a la celda, todos me miraban con asombro.

- Robert vino a mi celda y me preguntó: "¿Qué está pasando?"

Le dije que "llamará a los paramédicos" sabía que mi visión era sobre el dolor y el sufrimiento de dos disparos en mis caderas, la enfermera se presentó al ala G y me preguntó:

-"¿Quieres que te haga una prueba para el sida? ¿Cómo sabes que lo tienes? Llevas aquí 16 meses.

Le dije que me pusiera las inyecciones y me dejara seguir a lo mío. A lo que respondió:

- No le voy a poner una inyección hasta que le hagan pruebas. Tengo que sacarle sangre.

-"Saqueme la sangre haga lo que tenga que hacer porfavor". Le dije.

Dos horas más tarde el doctor corrió de vuelta a la ala G y dijo:

-"¿Cómo demonios sabía?, eso es imposible. Bueno, ven a que te pongan las vacunas ahora. Por cierto, no tienes SIDA, lo que sí tienes es un alto número de sífilis, una famosa murió de esto, Al Capone. Es casi indetectable en la sangre. Se pasará en unas tres semanas, nadie debería sabrá".

Tuve otra visión de una mujer con un niño caminando juntos, sosteniendo un niño. Su cara no era reconocible, sin embargo, despues su rostro, me empezó a parecerme familiar una mujer blanca con el cabello negro muy largo,gritando por ayuda y luego desperté.

Al día siguiente, más tarde ese dia estaba hablando con un amigo llamado Anthony Steele, el cual es devoto a las escrituras, mejor dicho ama las escrituras estaba casado, también tenía una hija que no era su hija biológica, me contó su historia,todo lo que recuerda fue que al entrar en la casa, su hijastra estaba en un charco de sangre. Anthony se despertó junto a ella y no recuerda lo que pasó, así que prefiero no hacer ningún comentario por ahora.

Mi cuarto amigo llamado Paul rezaba todos los días y era un fuerte creyente, siempre quiso dominar las escrituras y las leía como yo. El espíritu del señor estaba con Paul, mientras escuchaba y estudiaba las escrituras. Solía escucharlo leer el primer libro de Pedro, recitar dos capítulos de memoria, pero algo sucedió esa tarde, algo nuevo.

Un nuevo recluso llegó al condado y Paul fue al ala H mientras nosotros nos quedamos en el ala G. Paul fue a hablar con esta persona que decía ser una mujer Indiana Navajo, podada Niah. Cada mañana, Paul iba al ala H, en lugar de estar conmigo y estudiar con el resto de nosotros. Paul comenzó a encariñarse con ella como si fuera su novia. Finalmente, le rogó a Henry, el oficial de la cárcel que trabajaba en nuestro piso, que le diera unas horas a solas, y el oficial dijo,

-"Esta bien, Me haré el distraído por algunas horas."

De alguna manera, se corrió el rumor de que Paul habia tenido relaciones sexuales con Niah. Paul se volvió distante, dejó de alabar al señor y dejó de hablar conmigo o con cualquier otra persona. Una semana antes de eso, escuché gritos y golpes como si alguien estuviera golpeando a alguien más. Buscamos en todas las habitaciones excepto en la de Paul. Entré en la habitación de Paul y lo escuché decir:

-"¡Detente!, ¡Detente! ¡Eso duele!"

Miré a Paul a los ojos y lo vi sangrando por la boca y la cabeza. Le dije directamente a los ojos:

-"Este no eres tú, no sé qué te está pasando".

Antes de darme cuenta sus brazos empiezan a retorcerse como si alguien agarrara ambas brazos, retorciéndose, mientras se levantaba bruscamente, finalmente alguien llamó a los paramédicos, y llamaron a los funcionarios de la cárcel, mientras corrían hacia la habitación se dieron cuenta de que Paul se empujaba de un lado a otro, como si lo empujara algo o alguien. le pusieron una camisa de fuerza y lo llevaron a la enfermería.

Dos días después Paul volvió, y creí que estaba bien. El hablaba mientras estaba tumbado en el banco de pesas mirando hacia Niah mientras se preparaba, bajó del banco, mientras caminaba al ala H, volvió a entrar en convulsiones como si le diera un ataque echando espuma por la boca, sus ojos se giraban hacia arriba. Lo llevaron a otra planta para personas con discapacidad, y allí ha estado desde entonces.

Luego hubo otro incidente con una persona llamada Chaves, miembro del equipo de SNM en la cárcel del condado de Albuquerque (BCDC). Chaves ha salido mucho en la televisión hablando a favor de que los niños no sigan su ejemplo, ya que es un conocido pandillero.

En 1993, Chaves logró fugarse de la cárcel del condado. Él y cuatro de sus compañeros dominaron a uno de los guardias del ala P. Lo ataron, le quitaron su radio walkie-talkie, le metieron una manzana en la boca y la aseguraron con cinta adhesiva. Después, cogieron un banco de pesas y lo lanzaron contra la ventana, rompiendo el cristal.

Ataron seis sábanas juntas para descender una altura de 200 pies. El primer recluso bajó usando las sábanas, balanceándose de un lado a otro, hasta que logró poner los pies en el suelo de concreto. Sin embargo, fue interceptado por cinco guardias que lo golpearon brutalmente.

El siguiente recluso llamado Turbo, mientras bajaba, también se balanceaba sobre las sábanas. Todo el mundo que lo observaba gritaba: "¡Vamos, vamos, vamos!". Se atascó en el alambre de púas de la valla, pero logró liberarse. Sin embargo, fue rápidamente detenido por una oficial correccional. Los otros dos lograron bajar y escapar. Se subieron a un vehículo, se cambiaron de ropa, y fue atrapado dos semanas después, caminando solo en sus boxers.

Mi tiempo en la cárcel también se acercaba. Después de ser condenado a 22 años y medio en la Correccional de Santa Fe en 1994, pasé primero por la instalación de evaluación en Grants. Es el paso previo antes de ir a la prisión principal de Santa Fe.

Un día, mientras estaba en la cárcel del condado (BCDC), el Señor me habló y me dijo:

—"Te he dado una concordancia en griego y hebreo a través de las manos de un oficial de corrección llamado Henry, en el tercer piso. Escucha mi sabiduría: dominarás todo lo que hay en esta concordancia. Ahora no tienes una, pero se te dará otra para que la guardes donde quiera que vayas".

El Señor continuó:

—"Con el tiempo, cuando pediste más tiempo para dominar mi trabajo, te dije que tendrías tiempo de sobra. Ahora ve y haz lo que te dije."

Obedecí al Señor, pero le comenté:

—"Sí, pero temo que cuando llegue el momento de hacer tu trabajo, los oficiales de la prisión, me quitarán la concordancia de hebreo y griego."

El Señor me respondió:

—"Cuando llegues a Grants para la evaluación, pide a la hermana Sarah que escriba una carta al obispo para que te concedan la literatura y nunca te la quiten. Y no olvides la visión de la banda en el libro de los pergaminos, donde te paraste frente a ella.

Obedece cuando termine de hablarte."

Cuando Yachwshah terminó de hablar, yo estaba orando de rodillas. En cuestión de segundos, un oficial correccional se acercó a mí y me dijo:

—"Esto te pertenece, es tuyo, sé que puedes usarlo."

Así fue como recibí mi segunda concordancia en griego y hebreo. También pasé mucho tiempo estudiando jeroglíficos egipcios para comprender el verdadero significado de los nombres.

Por ejemplo, el nombre de Moisés en jeroglíficos es "ThwThmashash", que en hebreo significa: **Th** - signo, **w** - del tiempo, **Th** - signo, **Ma** - poderoso, **Sh** - fuego. Este nombre existe miles de años antes de que el libro de Moisés fuera escrito.

—"Eso es mucha comida para digerir, tanto como para aprender". dije.

Mientras tanto, seguía leyendo la documentación sobre Joseph Smith, dominando sus notas y escritos, y aprendiendo que él fue el único que intentaba demostrar que los egipcios eran en realidad descendientes hijos de Abraham.

Llegué a la Correccional de Santa Fe el 8 de Junio de 1994. Teníamos un piso subterráneo para la orientación de los nuevos reclusos. La mayoría de los recién llegados debían permanecer allí al menos una semana antes de ser trasladados a la población general, a un pasillo, ala,o Niveles en particular. Observe a veteranos bajar las escaleras y declarar a todos:

—"¡Si tiene un caso P.C., no pueden estar aquí! ¿Cuáles son vuestros cargos?

¡Violadores de bebés! Mejor que estén en la unidad norte del PNM encerrados".

Después, bajaron a hablar con nosotros y a darnos una advertencia. Luego los veteranos volvieron arriba.

Varios reclusos que vinieron conmigo fueron a P.C. voluntariamente debido a sus crímenes contra niños. También los veteranos declararon:

— "Sabemos sus cargos. ¡Sabíamos sus cargos antes de que vinieran aquí desde hace meses! Así que no intenten mentirnos".

Al día siguiente, pasadas las 11:30 a.m., normalmente en orientación comíamos juntos, pero esta vez nos dejaron salir directamente al comedor. Mientras estaba sentado con mi amigo y un grupo de reclusos hispanos, un grupo de islámicos negros se pararon y dijeron: "¡Ven aquí!". Me di cuenta de que me estaban señalando, así que les pregunté de quién estaban hablando. Les dije a mis amigos que tenía que irme y me fui a sentar.

Al poco rato, vi que se acercaba un oficial y me dijo: "¿Qué están intentando?".

Mientras me acercaba a los militantes islámicos, me dijeron: "Tú debes ser un pez; no te sientes con los mexicanos ni con los españoles, te sientas con los de tu raza, déjame adivinar, eres un chico de Texas y vives en cualquier parte del estado de Texas," solo escuchando las palabras: "de odio a Texas", y "pescados"

Estaba enojado; ellos podrían ser mi primer plato, estaba como un león rascándose la picazón. Transformándome en la norma, con las bolas más grandes que King Kong comencé a recitar mis escrituras desde el corazón. Me levanté; no podía comer más, dejé el comedor y fui a la capilla correccional.

Un pastor llamado Padre Dennis, conocido como el conejo negro, me oyó hablar con un montón de gente fuera de la iglesia y me dijo que le encantaría escucharme y hablar conmigo sobre la nación negra que está en la Biblia. Me ofreció cualquier documento en su biblioteca para que lo tomara como mío.

—"No tienen que llamarme Padre Dennis; por favor, llámame Padre Dennis", dijo.

—"Completa este libro y tendremos discusiones sobre esto muchas veces con muchos reclusos". El padre Dennis les dejó saber al correccional que haría una revisión de la Biblia, él siempre estudiaba y escribía mientras hablábamos dentro de su capilla.

Una mañana, cuando entré a la sala de pesas, se me acercó un hombre blanco grande del KKK llamado Aaron Hood, conocido como Big Red. Mientras estaba bombeando 225 libras que no podía levantar, miré a mi izquierda y vi a un hombre acostado; alguien dejó caer un peso de 75 libras. Mientras trataba de levantar 225 libras acostado en el banco, Gran Rojo vino por encima de mí para ayudarme y me animó diciendo:

—"¡Arriba! ¡Arriba! ¡Arriba! ¿Quién diablos eres? Bueno qué importa intenta ser útil y levanta la pesa".

Cuando vi el cráneo del hombre ser aplastado frente a mí, fui capaz de levantar cuatro veces más. Noté que el Señor había puesto favor conmigo para permitir que la pandilla Aaron me protegiera ya que me había convertido en testigo del Big Red.

—No permanezcas en la sala de interrogatorios más de cinco minutos" Dijo Big Red

Estuve fuera de la oficina en menos de tres minutos y regresé a mi destino recibiendo felicitaciones por no delatarlos.

Salí para volver a mi celda y me di cuenta de que mientras me acercaba oía a los presos gritar:

—"¡Eso duele! ¡Eso duele!" una y otra vez. Entonces alguien gritó:

—"¡Levántate y lucha!",

—"Entonces crees en el Señor; gira tus nalgas". alguien más dijo. Uno de los miembros de la banda Syndicate dijo:

—"¿Por qué todos los que creen en Jesucristo vienen siempre a prisión,son santos y predicadores sabiendo que son tramposos, y violadores de bebés?fingiendo ser santos predicadores de dios allá afuera mientras abusan de niños y niñas de 5 años".

Más tarde ese día, mientras caminaba afuera para el receso,tuvimos desayuno tardío comí tocino, huevos, salchichas y tostadas. Cuando volví por más, me senté en un asiento diferente porque mi asiento estaba ocupado. Cuando me senté, un musulmán me dijo:

—"No comas tocino en mi mesa".

Le dije al musulmán que había estado en la cárcel del condado durante 18 meses y no había probado tocino real desde que estaba en el mundo libre.

—"Tú no comes tocino en mi mesa". volvió a repetir.

Procedí a meterme el tocino en la boca; él bajó sus brazos y golpeó la mesa de hierro con su puño diciendo:

—"¿Ofendes a Alá?".

Le respondí:

—"Disculpe señor, esa gelatina que estás comiendo ahora es tripas de cerdo y azúcar molida de cerdo con colorante para agregar glucosa; todo el mundo en Texas sabe que la gelatina es grasa, una forma de cerdo".

Entonces el jefe musulmán me apunto con el dedo y dijo:

—"Diganme que este negro no es del estado de Texas,?¿Verdad?" le exclamó a la multitud.

—Dime ¿que no te gusta,Slim Thug de Texas?. ¿Qué tal DJ Screw, 2Pac, Al Green? le pregunte.

Entonces él me dijo a mí y a todos a nuestro alrededor:

—"Si Chwsh es de H Town, es un hombre muerto y tambien la música que escucha de estos negros de la ciudad de Houston. Almenos que convierta, que el negro use una falda y llore que duele"

Cuando oí el comentario que hizo quise golpear a este que se hace llamar Eman, pero yo sabía que era demasiado de ellos. Eran muchos contra me, una vergüenza negro contra negro, el crimen y injusticias detrás de las rejas existe asi como en las calles. Voy a orar a Al Yachwshah Godash para mantenerme dentro de sus garras y no transformarme en héroe africano.

Solo para refrescarme, salí a jugar baloncesto. Jugamos tres contra tres: yo, Anthony de baja estatura y Daniel Lacy, jugando contra AJ, T Mack y George Lacy, el sobrino de Daniel. Todo el mundo me estaba mirando; no podían detenerme. Yo seguía yendo directo al aro, poniendo el balón en alto, tirando por encima de ellos, haciendo el Harlem Globetrotters, tirando hacia atrás. No podían pararlo; estaban muy enfadados. Ahí es donde me encontré con AJ por segunda vez y él no podía pararme. ¡Finalmente AJ hizo un comentario diciéndome:

—"Por eso te golpeé en la cabeza con un ladrillo!" No podía ser detenido. Más tarde volvió y me dijo:

—Me disculpo, sé que fue un golpe bajo. ¡Lo siento! ¡Buen juego!

Le hice una pregunta rápida:

—¿Cómo es que tu nombre es AJ Houston? Dijo:"

—Chwsh shooo, por favor" me mando a mantener silencio.

—". No se siente como para luchar con estos tontos; no les gusta el nombre."Dijo:

—"Entiendo". dije.

—"Cuando jugamos los mejores de tres juegos y ganamos,los ganadores reciben una caja de refrescos". Dijo Aj.

Le di la mía a AJ; yo no bebía refrescos, pero ellos sintieron que había sido muy bajo por mi parte el hacer eso, debería haber tomado y no cederlo tan rápido. Hicieron un montón de comentarios sobre que el negro de Texas tiene drogado,

Al final del día, después de haber jugado al baloncesto y venir de la receso, estaba solo

,sudando,caliente y cansado miré dentro del hielo. Mientras estaba cavando para sacar hielo y hacer agua helada, vi en los refrigeradores un vino Seagram y Mickey en la parte inferior del hielo."*NO soy un bebedor pero después de todos estos años definitivamente podría beber una Mickeys*" pensé mientras abría la puerta del ala A Sánchez y todos sus chicos me dijeron que no escarbara demasiado lejos en el hielo

Ignore lo que vi y no tomé nada de agua. Caminé a través de la puerta y todo el sindicato de Texas dijo:

—"¡Hiciste una sabia elección! Sabia decisión; eso es todo nuestro". Los oficiales correccionales nos deben, así que nos la traen cada semana."

Mientras veo a dos de los oficiales caminar delante de dos presos y meterles dos cuchillos en los bolsillos hablándoles en voz alta diciéndoles:

—"¡Tienen que largarse de aquí! ¡Ahora mismo! ¡Antes de que los lleve a Hard lock up!" mientras les suministraba los cuchillos.

Me sentí muy mal; me dije a mí mismo:

—"Si los funcionarios de prisiones obedecen al Sindicato de Texas y les dan cuchillos, y refrigeradores con vino... ¡Estoy bien jodido! Estoy muerto."

Una mañana en la instalación principal fui por la biblioteca de la ley donde un hombre, Robert Moore al que llamaban One eye.'y por el cual tan pronto caminé hasta su escritorio, me saludó en árabe "As-salamu alaykum", a lo que respondí con el mismo saludo. Entonces me dijo:

—Necesito pagar 30 dólares para comenzar a trabajar en mi caso mientras estés aquí. Al mismo tiempo, voy a entregar mi caso al grupo de los Essays.".

—No, hermano, no puedo hacer eso —me respondió One Eye —. Es ilegal. Nadie puede hacer eso.

—Cualquiera puede hacerlo —insistí.

—Entonces no quieres que trabaje en tu caso.— Dijo One Eye

—No, señor, en absoluto. Puedo hacerlo yo mismo, muchas gracias.— le dije Antes de salir, me dijo:

—Mantén tu religión para ti. Nadie quiere oír sobre tu rey blanco y tu Biblia blanca.

—Además —le respondí—, mantén a tu Mahoma para ti. Nació en el 570 y murió en el 632.

—¿De qué estás hablando?—pregunto Le dije a One Eye:

—Eso es el comienzo de Mahoma, el niño llamado Lobo que tiraba piedras en una cueva,rompió un jarrón donde estaban los pergaminos que usó para escribir la documentación provenientes de los pergaminos del Mar Muerto. El nombre de esa cueva es el Corán.

—No lo sabía —dijo él—. ¿Vas a salir al patio a hablar de esto?

—¡Nope! Puede que tengas a tus chicos afuera por mí —le respondí. Sonrió, se levantó y dijo:

—Eres muy listo, hermano.

—No lo suficiente. Estoy aquí, ¿no? —le contesté.

—Déjame darte un consejo: mantén las cosas de Texas, la música de H-Town, The Boss, Z-Ro, todo eso, en bajo perfil. No dejes que nadie sepa que escuchas esa música ni que eres de Texas. ¿Hay alguna forma de que pueda escuchar mas sobre la historia?

—¿De verdad? —le dije—. ¿De qué estás hablando? Parece que necesitas escuchar un poco de Z-Ro tú mismo.

—Todos los días las mismas cosas —respondió él

—. Seguro, solo llama a los Texanos y yo, Chwsh vendré a representarlos.

—Me parece muy ofensivo que sigas hablándome de Texas cuando ya te dije que no me importa Texas ni los chicos de H-Town —me dijo.

—Y a mí me parece ofensivo que me saludes con el saludo árabe —añadí—. No tienes conocimiento de lo que me estás diciendo.

—¿De qué hablas? —dijo él—. Llevo más de 28 años estudiando árabe y siendo musulmán. ¿Quién eres tú para decirme esto? No puedes tener más de 30 años.

—Te concedo que estás cerca, tengo 31 —le respondí.

—Bueno, entonces vamos a desglosar tu nombre árabe y ver qué significa realmente "Salamu" significa fuego, el fuego de Dios. "Alaykum" es un Dios. Él es el verdadero dios de nuestra gente.

One Eye me miró fijamente y dijo:

—¿Eso lo dice el libro del hombre blanco?

—Sí, pero no es un libro escrito por un blanco, es escrito por un hombre negro. Si lees la autobiografía de Malcolm X, verás que Elijah Mohammed rezaba mirando La Biblia, con lágrimas de agonía, tenía un libro que no podía leer porque ya no tenía la llave.

Yo, sin embargo, tengo la llave, y el conocimiento es esa llave. Todo está relacionado con Al Yachwshah.

—"¿Por qué sigues diciendo ese nombre?".—One Eye me preguntó.

—"Es la primera vez que lo digo frente a ti". —Le respondí.

—"Otros dicen que lo has mencionado antes". —Me contestó.

—"Déjame ver, eres un hombre negro de al menos 48 años y nunca has escuchado el nombre Chwshah".

—"Sí, lo he oído, pero tú agregas una YACH antes".—Me respondió.

—"Tienes razón, 'Ya' **es soy**, y 'Chwsh' **es fuego verdadero**. La 'A' siempre está ahí, aunque no la veas la pones antes de los (ach-wsh). Así que Chwsh es tu nacionalidad, no afroamericano o asiático".

Entonces one eye levantó las manos y dijo:

—"Esto es más profundo de lo que pensaba. Mejor me voy antes de que alguien vea que estoy cambiando". Luego añadió: "¿Crees que tu doctrina es irrefutable? No me extraña que ganes seguidores. Mira, Chwsh, me disculpo. Sé que soy del grupo familiar y no puedo detener lo que van a hacer. puedo Expresar mi opinión, yo no te considero un enemigo. Espero que nos encontremos en diferentes circunstancias.

Hermano,tienes razón, creo que debo de reevaluar lo que he estado estudiando."

Una tarde conocí a un preso llamado Jeffrey Epps, en el piso tres. Me pidió consejo porque había sido condenado a 564 años, de los cuales ya había cumplido 12. Le sugerí revisar su caso con su abogado para encontrar una forma de reevaluar su caso, al parecer nunca le leyeron sus derechos pero probar que eso paso iba a ser complicado. Así que invirtiosu tiempo para prepararse y hacer una petición para ir a la corte, reducir su sentencia unos

2 a 3 años, y en vez de 565 años él una sentencia de t 365 años. Agradecido, me dijo:

—La próxima vez que nos veamos, habrán reducido mi sentencia, intentaré tener el mismo juez para la reevaluación muchas gracias.

Semanas después, mientras estaba en mi celda, Sánchez Un integrante del sindicato de Texas se acercó. Me preguntó:

—?¿Quién eres??¿De dónde vienes?.

—Texas.— Le dije

—"No digas eso muy alto, pareces diferente a la mayoría de los hombres negros".—Me respondió.

Le aseguré que no pertenecía a ninguna pandilla, ni Crip, ni Blood, ni musulmán. Me preguntó si era israelita o del grupo familiar, y le respondí que no. Me dijo:

—"Mantente fuera de nuestros asuntos y estarás bien".

—No es tan simple para mí; están golpeando a los negros a diestra y siniestra, y es cuestión de tiempo de que choquemos.— le dije

—"Tal vez, pero lucho contra abusadores y violadores aquí". Sánchez admitió. Luego mencionó a Earl Mayfield, quien cocina drogas, y cómo algunos reclusos religiosos también son culpables de crímenes y quieren aparentar ser papas y predicadores dentro del correccional de Santa Fe

—Estas en todo lo correcto, si tengo problema con ellos —Finalmente, me advirtió—Si un oficial te lleva a cierta oficina, no te quedes más de cinco minutos". —Terminó diciendo: —"Pareces una buena persona, por eso te he dado esta advertencia".

Más tarde esa noche Sánchez volvió a subir y me dijo: escucha no se si estas familiarizado con el grupo de la familia ellos ya me estan dando tu informacion, los cargos presentados en su contra, lo que te llevan a la cárcel y lo creas o no se que realmente no tienes cargos que ya sabemos de los dos hombres que estaban vendiéndo las dos chicas por la cual recibiste cargos de abuso sexual. Uno tenía 19 años y el otro 21 años. Chwsh tenías 27 años alto precio a pagar por un pedazo de mierda y el Eman nos quiere para manejar los negocios es de esperar que te empuje directamente a la familia"

—Espera, ¿sabes cómo nos convertimos en un miembro del grupo familiar? no!—le dije a Sánchez.

—Si! Creo que si,

—No Sánchez eso no es suficiente—le dije —¿Sabes lo que hacen?

—Chwsh no lo se cualquier negro que quiera ser parte del grupo familiar debe matar dos integrante del grupo Essays,—dijo.

—Así que ya ves estás ayudando al Eman quien quiera que sea parte del grupo, pero no sabías porque tus chicos están desapareciendo de dos en dos—le dije.

—Alguien siempre tiene motivos, si —Sánchez dijo —pero no puedo creer que no te lanzaras era el mejor momento para unirte al grupo ¿por qué no lo hiciste?

—Porque estoy guiado por el piloto automático de la rectitud. Yachwshah gobierna mi corazón para una justificación y una causa! y lucho libremente sin ataduras extrañas, no hay planes malvados detrás de una acción. —le dije.

—ok. El tiempo dirá si usted tiene una causa justa o no— dijo Sánchez— me voy de aquí hablaremos más tarde chwsh.

PARTE 3

No reconocer el liderazgo es persecuciones

En muy temprana horas de la mañana alrededor de las 4:45 a.m. las puertas de las celdas se abrieron, como el sonido de los vagones de un tren : ¡! ¡Click! ¡Clock!

¡Click! Es prudente estar atento, pensé ¡*Aleluya* ! Cuando las puertas de las celdas se abrieron, miré a ambos lados de la habitación. Salí a la hora del almuerzo por la tarde, salí del complejo hacia la población en general. Tan pronto como pasé por los señaladores de metales, dos personas se acercaron a mí y me dijeron:

—"Te pareces a un tipo que causó una rebelión en este lugar. Lo solían llamar Al Capone o bueno, él se hacía llamar así. Su verdadero nombre es Richard Johnson, pero usa un nombre que curiosamente se parece al tuyo.

—"No, no lo soy."— les dije sonriendo mientras continuaba caminando.

Habían dos grupos diferentes que trataban de controlar a los hombres negros tras las rejas los islamicos y los musulmanes. Me estaban presionando para que me detuviera y hablara con varias personas. Entre ellos, había un musulmán llamado Leonard, que estaba sentado en un banco de madera. Junto a él, estaba un hombre llamado Robert, a quien más bien llamaban "One Eye". Este último quería que volviera a hablar con él un poco más sobre el tema hebreo.

Robert, que estaba en la mesa, me preguntó:

—¿Estás con nosotros?

—¿Con quién?— pregunte confundido.

Entonces, su amigo, el jefe musulmán Leonard y dijo:

—¡Sabes perfectamente de lo que hablamos!

—Él es un buen hermano.— Interrumpe One Eye a Leonard y continuó diciendo — mejor busquemos a alguien más.

—¡No!, el no es una buena persona,aprenderá y no dirá ni una palabra, sé que estás cumpliendo 22 años y medio y sabemos todo sobre el crimen que cometiste para llegar aquí. Ahora! ¿Estás con nosotros oh no ?

Preguntó Leonard, hubo un silencio un poco incómodo. Entonces el prosiguió

—Tomaré tu silencio como un sí,para ser parte de nuestro grupo Familiar deberás matar a dos personas de la pandilla Essays para demostrar que estás con nosotros y demostrar que no eres un soplón y AH! otra cosa, una vez que estés en nuestro grupo familiar nunca podrás salir de él.!

—¡No! no lo seré, no quiere faltarle el respeto, Yo llegue aquí solo y que saldré solo—le respondí.

El Emam insistió en darme tiempo para pensar. El día finalizó con varios islámicos y también musulmanes preguntándome por qué estaba enseñando el libro de un hombre blanco. Traté de explicarles que este no era el libro de un hombre blanco, sino el de un hombre negro. Entonces él me dijo:

—Observe que has estado influenciando a 8 o 9 personas a esta religión de hombres blancos. ¿Quieres que los llame por sus nombres? la verdad es que tengo un serio problema con eso.

Robert interrumpió diciendo:

—Oye, ¿podemos hacer que un hombre sea parte de nuestra familia? Leonard contestó:

—!¡Vez lo que quiero decir! parece que ya estás siendo influenciando. Recuerda, nadie deja a la familia. ¡Entiendelo ! ?¿Crees que puedes golpear más fuerte que un rayo— Leonard contestó.

—No quiero problemas, pero parece que ya los tengo—yo respondí.

—Bueno parece que ya tienes ¡Problemas!—dijo Leonard.

Caminé rápidamente lejos de la zona donde estábamos, cerca del banco de madera, alrededor de la pista de correr. Crucé directamente el detector de metales hasta las puertas dobles para ir por el pasillo de regreso a la ala 5. Cuando llegué de nuevo a mi celda, cuatro individuos se acercaron a mí y comenzaron a golpearme. Uno me golpeó en la cara, el otro me estaba dando patadas, agarré su pierna y lo empujé contra el suelo. Me desperté debajo del inodoro con agua cayendo en mi cara, por lo que tal parece había quedado inconsciente por unos segundos. Me dijeron que dejara de escuchar esa música de la ciudad de Houston y que me pusiera el sombrero islámico. Me di cuenta de que habían tomado mis escrituras hebreas y griegas, y todos mis libros, 17 volúmenes de la Biblia que había escrito solo, junto con una chapa que tenía la foto de mi hijo Rayk, mi esposa Lorraine y yo.

Me acerqué a una persona llamada Earl Mayfield. Él tenía un compañero, un hombre apodado New York, que vendía droga junto con él, ayudándole a controlar a la gente. Era una persona mala, y odio hablar de las cosas despreciables que hacía, aprovechándose de Earl y de los demás controlandolos con la "heroína". De todos modos, Earl cocinaba droga para la pricion y la vendía a la pandilla "Essays".

Cuando me dirigía hacia su celda. Earl dijo:

—¡Hey, hombre! Siento mucho lo que te ha pasado y que se vayan al carajo. Siempre escucho a Snoop Dogg, escucho a Z-Ro, vivo en la ciudad de Houston, nadie me dice que debo de escuchar, ni ninguna mierda por el estilo. Claro, no puedo poner esa música en toda la prisión, sería un escándalo.

—Por supuesto, haces una labor importante acá, que es cocinar la droga, esa es la gran razón por la que no se meten contigo. ¡Relajate y no hagas naday veras como el trato cambia —Le respondí:

—Tienes razón- dijo

Earl Mayfield también me dijo:

—No vayas a la guerra todavía. Déjame ver si puedo presionarlos para cambiar un poco las cosas.¡Mira tu cara! Los cinco te golpearon muy fuerte, hermano.

—¿Cinco?Eran cuatro de ellos!— Le dije

—No, estoy seguro de que eran cinco.—Mayfield insistió— El otro era Eddie Ray, va por el nombre de 'Big Country'. Voy a asegurarme de que no se le distribuya a nadie más droga por ahora en esta cárcel.

En los dos días siguientes, New York hazo que los "Essays" se inclinaran ante él no solo para hacer reverencia, sino tambien para tener sexo oral con el, obligándolos a realizar actos humillantes. Los deshonraba y les hablaba mal, sabiendo que no harían nada porque estaban enganchados en heroína. Al parecer, nunca se le mencionó a Earl Mayfield lo que New York estaba haciendo.

Después de dos días, Earl Mayfield me dijo

—Deja de estar oculto en la celda, sal a donde la gente pueda verte, a ver si te devuelven tus cosas en la celda, sin que nadie se de cuenta, y tal vez todo vuelva a la normalidad.

Pero nada cambió. Mayfield que estaba más frustrado me dijo:

—Al menos, deberían devolverte la foto donde sales junto con tu hijo, y tu esposa.

—¿Y qué pasa con mis otros libros, mis Biblias, mis notas?— Le pregunté.

—No hagas nada, solo espera a ver si puedo hacer algo por ti. — Mayfield respondió.

Esperé un día y a primera hora de la mañana, Mayfield me devolvió la foto de mi hijo Rayk-e, de mi esposa, junto con esto y la Biblia King James, pero ¡nada más! Sabía que si no me defendía o no hacía algo, alguien más vendría a por mí, así que decidí actuar. pense *"sí, que me pondría el sombrero islamico mostrando que había cambiado y que me había convertido al Islam"*. Me lo puse y salí de la zona.

Agarré los cuchillos de la parte superior de la ventana, los envolví con cinta adhesiva alrededor del desodorante, usandolo de empuñadura, uno en cada mano. Me quité el sombrero y lo lancé como un frisbee hacia el primer piso del muelle inferior. Luego volví a mi celda y esperé pacientemente. Vi a una de las personas responsables de que mi cara pareciera la de un *delincuente*; quien regresaba del receso. Me solté el cabello, que era un enorme afro, me llegaba hasta la barbilla,y me hice una trenza lo que hizo que no me reconociera de inmediato. Luego me arrodillé, me incliné y recé a Alá Yachwshah, diciendo:

—Si pudiera elegir a mi rey, me pondría tu traje antes que el traje de la serpiente. Mi Señor, no me arrodillo ante ningún hombre carnal ni creación mundana, que no obra y no camina por el lado correcto.

Luego, agarré el reproductor de música o el boom box de alguien que estaba sentado en la entrada de la celda y puse música a todo volumen. Quería que todos supieran que era yo, Chwsh, quien encendió la música. Con la ayuda de Adamal Yachwshah, desde ese momento en adelante, iba a gobernar como un jefe y salir sin pérdidas.

Me acerqué y me senté al lado de Mason. el cual me dijo:

—¡Te pareces al que acaba de recibir una paliza en el culo!

—Soy yo— le respondí.

—Entonces lo apuñalé en la parte baja del abdomen, y después le hice otra apuñalada en el brazo cuando intentó alejarse de mí,gritando por el dolor.

Mason Boyer suplicaba:

—Te lo ruego, ¡no me mates!

—Número uno, no teníamos que llegar tan lejos. Todo esto es porque querías que yo cambiara mi perspectiva y me uniera a tu religión. Número dos, porque yo soy de la Ciudad de Houston. Y número tres, quien quiera que esté en tu religión tiene que herir o matar a un *essay*—. Le dije

Mason intentó ponerse fuerte de nuevo porque su gente venía del receso. Escuché la puerta abrirse cuando los reclusos volvían. De manera inesperada me puse delante de ellos, mirando sus caras de sorprendidos mientras se preguntaban de dónde venía la música de la Ciudad de Texas. Procedí a ir hacia los tres individuos: Carlton Ray, Willie Johnson y DeAndre. Antes de que supieran lo que pasó... yacían sangrando.

Yo estaba sobre ellos, mirando hacia abajo y gritando mientras entraba en trance. Todos estaban en el suelo, sosteniendo sus estómagos mientras yo veía como ellos se retorcía.

Luego, saqué del bolsillo derecho la chapa con la foto donde estaba yo junto a mi hijo Rayk y de mi ex esposa Lorraine. Era un alfiler de la Feria Estatal; cuando tomas una foto, pueden ponerla en un botón que se puede colocar en la camisa, pero yo nunca la use de esa forma. Mientras miraba la foto, pensé *"es lo* único *que me queda de mi familia en el mundo libre."*

—¿Alguien más quiere algo de este hombre de la Ciudad de Houston? ".—pregunte.

En realidad, soy de BMT(Beaumont), a 89 millas de distancia. Nadie de la Ciudad de Houston quiere que se le quite sus máscaras en donde fingen ser otras personas que no son; todos están demasiado asustados para demostrar quienes son realmente. Voy hacerlos entender quien soy realmente, cómo se comporta un verdadero chico de la ciudad de Houston.

Por primera vez supe que la muerte se acercaba; los pensamientos corrían por mi cabeza. Debí haber atrapado al Jefe musulmán desde la primera vez que lo conocí. Cuando el Jefe musulmán se entere, mandará llamar a todos sus secuaces para que me maten. Estaba enojado, me sentía caliente y loco; mi corazón latía rápido y las lágrimas corrían por mi cara porque sabía que mi hora de morir, se acercaba,y más en esta cárcel, que había una alta posibilidad de mi muerte.

Regla #1: si apuñalas a alguien, posiblemente morirás apuñalado. Yachwshah estaba habitando a mi alrededor; empecé a sentir una maravillosa presencia de paz, poder y fuerza. Desde mis pies hasta mi cabeza, todo mi cuerpo hormigueaba con un fortalecimiento de poder, al igual que me sentí en la cárcel del condado BCDC con mi amigo Roberto. El señor Ala Yachwshah me dijo:

—"No estás luchando una batalla que no he ganado. Confía en mí; solo lo haces por este tiempo en adelante e incluso puedes confiar en tus enemigos".

Dos hombres mexicanos se acercaron a mí y me dijeron:

—"Dame los cuchillos".

—"¡No! No te voy a dar el cuchillo; ¡La unica manera en la que te de estos cuchillos, es que te dé una puñalada en un lado del cuello!".— Les respondí.

—"¿No te acuerdas de un chico llamado Snake?" — Sánchez me preguntó. sí, era mi amigo y sería capaz de ir a la guerra por él si fuera necesario.—Le dije

—"Snake es mi sobrino pequeño. Ahora, si quisiéramos hacerte daño podríamos lastimarte, mira a tu alrededor y date cuenta—Sánchez dijo

Oí una voz que me decía: *"Confía en tus enemigos"*. Entonces él hizo que uno de sus muchachos me diera las notas de mi Biblia, los 17 libros entre todas mis cosas que el Sr. Black, el obispo, me dio.

—"Ahora deja de dudar de mis intenciones; danos los cuchillos. Ambos no tenemos mucho tiempo"—Sánchez me dijo.

La presencia de Yachwshah me dijo que ellos no estaban tratando de lastimarme. Así que les di ambos cuchillos. Entonces él me dijo que me quitara la ropa y me pusiera la suya, diciéndome:

—"¡Sal de aquí! Esconde tu cara; vete y creo que deberías de apagar la música por ahora. Puedes ponerla más tarde; has cumplido tu cometido, y dejado en claro tu mensaje".

Terminaron de golpear a los individuos una y otra vez; pensé que alguien iba a morir, pero no me quedé para ver si murieron o no. A primera hora de la mañana era noticia de primera plana que los "Essays" defendieron a un hombre negro y se aliaron con la banda más temible en Santa Fe Correctional. Inmediatamente los oficiales correccionales tomaron toda la unidad.

Los oficiales vinieron a buscarme y me llevaron a la habitación 101, donde intentaron obtener información de mí. Me miraron a la cara y me preguntaron cómo estaba en medio de todo esto, refiriéndose a los cuatro reclusos que habían sido apuñalados. El oficial también señaló que mi caso había sido entregado por Essays y que no me habían matado, sugiriendo que "mi propia gente me ha vendido". Recordé lo que uno de los reclusos me había dicho junto con un amigo llamado Aron, conocido como "hood big red":

—"No te quedes más de 5 minutos o serás clasificado como un soplón. Recuerda que los soplones reciben disparos y son enterrados en zanjas, cubiertos de suciedad por aquellos que visten de funeral y tienen llanto porque les duele. -- Estaba pensando en cualquier cosa para salir de esa sala de interrogatorios".

Empecé a gritarle al oficial de corrección que si no me dejaba salir de allí, le iba a romper el cuello a alguien. Inmediatamente regresé a mi celda, donde la gente estaba reunida en el pasillo por el Sindicato de Texas. Al entrar, alguien grito:

—"¡Sabemos que no eres un soplón! Y definitivamente no eres de Albuquerque, los de Albuquerque tienden a ser soplones".

—"Soy del estado de Texas, de la Ciudad de Houston". —Dije con fuerza. Rápidamente, alguien del sindicato me advirtió:

—"No hables tan alto; a los reclusos no les gusta saber nada de las personas de la Ciudad de Houston. Recuerden que nosotros no hay problemas, pero nadie de Albuquerque ama a las personas de la ciudad de Houston".

"Está bien", respondí. "Entonces parece que estoy en medio de más peleas".

—"Estás bien con nosotros; te aceptamos tal como eres"—Sánchez dijo.

—"¿Por qué son el Sindicato de Texas si no les gusta Texas?". —pregunté.

Sánchez respondió.— "La banda se originó en Texas porque nos hemos infiltrado en todas las áreas. No hay una sola prisión en la que no estemos, incluso fuera del estado. También tenemos gente ahora siendo extraditada desde todas partes hacia Albuquerque, pero encubiertos por razones de seguridad".

Sánchez me dijo:

—"Chwsh, si te meten en Dallas, Fort Worth o en cualquier prisión de Houston, envía un mensaje rápido allí y me dices para que estén todos a tu disposición. Un miembro del sindicato te cuidará; si no lo hacen, alguien va a morir en nuestra familia del Sindicato de Texas. Y ahora en

Albuquerque somos los únicos que podemos ser llamados por ese nombre. Chwsh, tú luchas por la causa justa; eres un luchador por la libertad. No eres crip, no eres parte de la banda Familiar, no eres Blood, ni musulmán".

La reunión terminó y Sánchez me dijo que me quedara en mi celda;

—"Te traeremos comida. Los agentes del CO no pueden ver tu cara así ;si lo hacen volverás a la sala de interrogatorios para ser interrogado de nuevo. Y recuerda, si alguien tiene un problema contigo, yo tengo un problema con ellos".

Luego preguntó:

—";Quién está en tu lista de venganza?".

Le mencioné que Snake tenía un asunto pendiente con un tal Leonard de los musulmanes. Le dije que lo tenía bajo control.

—"Bien", -respondió Sánchez- "entonces házselo saber a Snake".

Sánchez me trajo 12 burritos, 5 bolsas de patatas fritas y 3 paquetes de cigarrillos (que yo no fumo), además de una bebida fría agradable llamada hooch. También me trajo dos trajes nuevos y un par de tenis. Luego lo interrumpí y pregunté si podría cambiar uno de los trajes, por la cava de vinos Seagan que vi en el hielo. Y ellos aceptaron.

Sánchez preguntó qué tenía que ver con el Padre Dennis, el Conejo negro. Le dije qué habíamos hablado sobre hebreo y literatura bíblica. "Dime más", insistió. Comencé diciendo que hay muchas cosas en la Biblia que podríamos descubrir, pero la gente elige no entenderlas.

Le di un ejemplo: "En el libro de Mateo se dice que tres reyes magos vinieron del este; sin embargo, en realidad fueron siete reyes magos quienes llegaron cerca del nacimiento de Jesús. Eran judíos, afro-mexicanos ; originalmente eran magos poderosos con habilidades tan grandes que se creía podían hacer llover fuego y azufre sobre una ciudad entera".

Las 12 tribus de Israel temían a esos hombres junto con todos los demás, incluso al rey Haroldian.

Sánchez dijo:

—"Pero ¿por qué serían mexicanos si su nombre no es mexicano?".

—"Tienes razón"—Le respondí.—"su genealogía proviene desde el oriente medio, al imperio Persa; su árbol genealógico es un sacerdocio real junto con todos los africanos provenientes de Kamet".

Sánchez declaró:

—"Quiero oír más sobre esta buena historia real". antes de irse dijo: "Gracias Chwsh". De los 83 presos que había en la celda, yo era la única persona negra que quedaba allí; a todos los demás les quemaron las celdas o les prendieron fuego.

Sanchez tomó el control total y me permitió hacer lo que quisiera. Durante este tiempo, todos los negros que sabían de mí, pero no me conocían, deseaban tener mi amistad, sabiendo que habia logrado conseguir tener la paz, gracias a mi amistad con Sanchez.

Antes de que Sánchez se fuera, le hice otra pregunta:

—¿Qué pasa con un amigo mío que está al lado de nosotros en el pabellón 4? Se llama Angelo Truett; es un tipo justo. Acabamos de enterarnos de que es medio negro y medio español; habla bien el español de México y es bilingüe. Daba información a otros negros y actuaba como mediador. Aunque se creía que causaba problemas, en realidad no era así; era odiado por todos los negros".

El Sindicato de Texas vino a por él,mató a nueve de nuestra familia o pandilla. "¿A dónde?", pregunté. Los oficiales me dijeron que vendrían a sacarlo porque el sindicato lo habría matado, pero para ti no se le hará ningún daño permanentemente.

—¿Y qué hay de Earl Mayfield? Él ayudó a poner peor la droga—pregunté

—Sí, y porque lo conoces, le daremos la oportunidad de irse tranquilamente, pero recuerda que vende droga. Tiene a todos mis hombres detrás de su droga; tiene a uno de mis mejores amigos, Super Dave, detrás de esta droga también. Esa es la lucha constante mía y de Earl Mayfield: mantener a nuestra gente alejada de la adicción, porque la mayoría de los hombres se volverían contra mí. Incluso se volverían contra mí solo para conseguir su dosis".-dijo Sánchez.

—Esta bien! 10-4.-le dije

Regresé a la habitación para sentarme y seguir, agradeciendo al Señor por todas las cosas que me estaba dando a través de las manos de los presos. Esto hacía que los corazones malvados se ablandaran, manteniéndome a favor de la rectitud y la justicia.

Tuve un sueño vívido en el que pisaba millones de peces mientras caminaba por una colina gigante como la montaña Sandia Crest. En una visión, vi una luz gigante dando vueltas como si fuera un rueda de la fortuna gigante, brillante mientras estaba de pie en el centro del mismo, había una audiencia a mi alrededor. Más allá de mi sueño salvaje, me desperté rápidamente y me dije a mí mismo: "Sé que no soy tan importante".

Snake me dijo que el Jefe del grupo familiar Leonard tiene a alguien que maneja su negocio y esta persona ha estado allí encubierta todo el tiempo. Dice que esta persona dirige todo ese negocio; todo el mundo en el complejo sabe que tiene mucho dinero y cuando salga estará en las películas. Tiene actores y estrellas que vienen a visitarlo a la penitenciaría; él maneja el grupo familiar y tiene la última palabra.

Aparte de Leonard, Sánchez también envió un mensaje para asegurarse de que yo supiera que en cualquier momento podría ser encerrado en la unidad P.N.N. Tenía razón. Cuando salí de las instalaciones principales de Santa Fe, me dirigí a la unidad norte, donde estuve encerrado durante cuatro meses y medio. El obispo católico, el padre Dennis, vino a verme.

—"¿Estás bien? ¿Necesitas algo?", preguntó.

—"Sí, dame algunos de esos libros hebreos que has estado leyendo y que me dijiste que los eruditos conocen. Quiero verlos", respondí.

—"¿Cuándo los quieres?", preguntó.

—"Antes de que acabe el turno". El padre Dennis volvió con todos los libros. Los libros tenían nombre y apellido como quien dice; él me dijo:

—"Te daré lo que necesites".

Esa mañana había una persona cumpliendo 34 años; él podía disfrutar de privilegios especiales para levantarse, limpiar y repartir las bandejas para que comiéramos nosotros y los oficiales de corrección. Trapeaba el piso.

Uno de los pandilleros en el piso dijo:

—"No hagas eso".

El preso le contestó:

—"Hombre, estoy agotado de estar en mi celda de manera continua por más de ocho o nueve años; tengo como mucho 30 minutos de receso y 30 minutos para una ducha.

Ahora estoy en mis últimos dos años; voy a hacer esto porque no puedes salir de tu celda y darme una paliza".

—"¡De todas formas, cállate la boca! No hay nada que puedas hacerme; no eres Super Dave", respondió el pandillero.

El preso se volvió a poner los auriculares, escuchando música mientras fregaba el suelo. Esta es la razón por la cual el sistema de puntos cambió.

En 1996: John Shanks declaró la guerra a todo gángster que quisiera serlo. Esto fue debido a la mezcla exacta entre un nivel seis y un nivel dos puestos en la misma zona; uno sale en dos años y el otro tiene una cadena perpetua de 500 años; no pueden mezclarse.

Algunos miembros del SNM habían atado una cuerda de nylon al gatillo de la cerradura para aflojar, y luego abrieron la puerta de la celda. Lo escuché haciendo esfuerzo y gritando mientras trataba de abrirla. Después, se acercó al preso que estaba limpiando el piso y lo golpeó tan fuerte que le causó una conmoción cerebral.

Volví a mi celda y cerré la puerta sin que los guardias supieran lo que había pasado. Ellos pensaron que el joven se había caído y golpeado la cabeza. Después de tres meses en la cárcel, me trasladaron a la población general. Allí conocí a Eddie Ray, uno de los chicos que llamaban Big Country. Fue la quinta persona con la que peleé, pero no pude encontrarlo a la hora de la pelea.

—"No quiero ser parte de esto, lo siento", me dijo —Fui obligado a hacerlo porque estaba en mi grupo.

—"No te obligaron; tuviste elección", respondí.

Al regresar a mi habitación, vi a varias personas. Me fijé en un hombre llamado Jalill. Su historia era interesante: antes estaba en la instalación principal, pero alguien le robó su cadena de oro y se negó a pelear. Jalill trataba de incitar a los reclusos a rebelarse, escribiendo mensajes para que asumieran sus responsabilidades. No quería pelear personalmente con nadie, pero buscaba que otros lo hicieran por él. Se decía que estaba relacionado con una fuerza policial encubierta.

Uno podría preguntarse cómo alguien puede tener un celular en su habitación durante más de ocho meses o cómo tiene relaciones con una oficial de la cárcel. La razón es que él controla todas las drogas: heroína, marihuana. Siempre intenta sobornar a quienes se le acercan. "He oído que eres buen peleador; necesito gente así a mi alrededor. Te conseguiré una mujer para que te visite y ella puede traer droga escondida. Y si quieres un celular, te consigo uno", me dijo.

Esa es la historia de Jalill. También había otro joven en prisión preventiva, un Blood llamado Kyle. Su historia es simple: puedes comprarlo, solo necesitas mostrarle dinero. No le gustan los Crips; es Blood al 100% (comprometido con la pandilla). Kyle Allen siempre lleva gorra roja, zapatos rojos y pantalones cortos rojos. Todavía cree en Dios, pero desde una perspectiva Blood.

Todos vinieron de la instalación principal a la unidad norte de PNM. Jalill descubrió que sé cómo afilar metal y hacer armas filosas

—. "Necesito que afiles esto", me dijo Jalill. "Te pagaré por ello". Le pregunté con quién lo iba a usar.

—"¡Con nadie! Es solo para mi protección", respondió.

Todos los días estaba afilando, y cuando terminé, me enteré de que Kyle le había dado el arma a Iceman. Ahora, sobre Iceman: es un miembro de Crip con 25 años de violencia en su historial; defiende a su gente y a cualquiera que necesite ayuda. Jalill me contó que Iceman escuchó al gordo Charles llamarlo soplón y me pidió que le dijera a Iceman que se encargara de eso.

Iceman se acercó al gordo Charles y le preguntó si era cierto que lo habían llamado soplón. Charles dijo que sí, aunque no fue exactamente así. Mientras hablaban, Iceman se acercó y lo apuñaló en el pecho, cerca de los pulmones. Jalill me estaba contando lo que pasó cuando me abrazó y dijo: "Ya lo está apuñalando". Llevábamos entre tres semanas y un mes en la unidad PNM Norte cuando las cosas empeoraron. Se supo que Jalill había perdido mucha droga y marihuana por culpa de algunos funcionarios de cárcel.

Solo había una cosa que Jalill quería: decidió establecer a Leroy Torres junto con Danny, conocido como Dan Dan, porque él era responsable de apuñalar a un miembro de la pandilla Bloods. Inicialmente comenzó el motín en Las Cruces, lo cual llevó a John Shanks, General Secretario de Correcciones, a declarar la guerra contra cada gángster, cada Crip y cada Blood en cada Sindicato de Texas y S&M.

Jalill me dijo que bajara y viera dónde estaba Dan Dan y si estaba abajo asegurarme de que subiera para traerle algo de chiva (heroína). Cuando Dan Dan tomó su primera dosis, cayó hacia atrás en su litera y no podía moverse. Leroy seguía golpeándolo en el pecho sobre su corazón gritando:

—"¡Despierta! ¡Despierta!".

Corrí escaleras arriba, me senté en mi habitación y empecé a rezar en el nombre de Al Yachwshah. Jalill me preguntó:

—¿Dan Dan esta muerto? sí durante unos diez minutos.—le dije

—"¿Qué? ¿Qué quieres decir?", preguntó Jalill.

—"Dan Dan volvió y ahora está vivito y coleando pateando a, Leroy lo acaba de acostar", respondí.

Kyle Allen dijo:

—"Ahora está descansando".

Mientras Kyle y yo hablábamos sobre la situación, vimos a Jalill agarrar todas sus cosas: su colchón, sus libros y su televisor, y arrastrarlas hacia la puerta para sentarse afuera

Dos oficiales correccionales lo escoltaron directamente a P.N.N. se había entregado voluntariamente.

Hubo otra situación donde tenía que evitar que mataran a los oficiales, no podía permitir que esos cuchillos llegaran a manos de Leroy Torres y Dan Dan.

Después del incidente, volví a la normalidad. Salí al patio, pasé por el detector de metales y entré en el cuarto de mantenimiento, donde guardaban los cubos del trapeador. Dentro de los cubos, alguien había escondido piezas de metal convertidas en cuchillos. Los saqué y los escondí rápidamente. Pasé por el detector de metales tres veces, llevando cinco cuchillos en cada zapato, sin que me atraparan. Fui a mi celda y luego a la habitación de Kyle para contarle lo que había hecho, no quería que él cargara con la culpa de algo que yo hice. Evité que se desatara un plan para matar a los oficiales correccionales.

Todos se reunieron en el edificio de mantenimiento con 30 piezas de metal afiladas. Se corrió el rumor de que un recluso había entrado al cuarto de mantenimiento y sacado todas las piezas de acero sólido, los "cuchillos", para salvar las vidas de los oficiales.

Solo unos pocos presos tenían acceso a ese lugar, así que todos intentaban averiguar quién había sido el que salvó a los oficiales.

Enrollé todos los trozos de metal en una bolsa de basura negra, la até y la dejé frente a la puerta del pasillo principal, donde todos los funcionarios de prisiones podían verla. Mi vida volvía a estar en peligro. No sé qué pasó con Kyle Allen; desapareció y se encerró voluntariamente.

En una ocasión, dos tenientes se me acercaron y me dijeron:

—"Hiciste un buen trabajo", pero no entendía.

Un oficial correccional, sin pensar, había ido a la población de la prisión y dicho en voz alta:

—"Si no fuera por un recluso llamado Chwsh, que me salvó la vida, ya estaría muerto". El oficial no supo guardar silencio.

Los dos tenientes me dijeron:

—"Eres el único en quien podemos confiar. Abriremos la puerta sin esposas para que coloques algo en el pasillo principal. Lo que hiciste fue algo importante, pero tenemos que sacarte de aquí rápidamente. Te pedimos disculpas por esto y te agradecemos por preocuparte, por la vida de los oficiales siendo tú un recluso. Serás recordado por haber sacado todos esos cuchillos del edificio de mantenimiento. Eres muy valiente, un verdadero luchador por la libertad. No estás vinculado a ninguna pandilla, luchas solo. Y vemos que la muerte no tiene poder sobre ti en lo físico".

El teniente oficial de PNM Norte me dijo

—: "Definitivamente estás marcado por cada preso; si se enteran de esto, te enviaré de nuevo a Las Cruces".

Cuando regresé a Las Cruces, la prisión tenía un programa donde los internos fabricaban matrículas, mesas y bancos de madera para los juzgados, así como escritorios. Allí conocí a un hombre llamado Juanito Fernando, quien estaba cumpliendo una cadena perpetua de 389 años. Juanito llevaba 17 años rogándole a todo el mundo:

—"Te daré comisaría, te daré droga, haré lo que sea si me metes en uno de esos escritorios. No te preocupes si salgo; solo méteme dentro para que cuando llegue el camión me recojan".

La idea de Juanito era que, cuando el camión viniera a recoger las entregas, él se deslizaría fuera y sería libre. Finalmente, Super Dave convenció a varios reclusos para sellar a Juanito dentro de un escritorio, con un panel que se podía quitar con cinco clavos. Así que el viernes por la tarde llegó el camión; además de las matrículas envueltas en cajas, también cargaron dos mesas y tres bancos. Nadie sabía que Super Dave estaba ahora dentro del camión.

Después de buscar a Super Dave durante cuatro horas, los oficiales correccionales no pudieron encontrarlo. Estuvimos bajo encierro durante tres días, hasta que finalmente lo encontraron en la calle, caminando solo en sus boxers blancos, sin zapatos ni camisa. Después de salir del confinamiento, Super Dave fue devuelto a la población general de Las Cruces por el alcalde Chuck.

Tres meses después, hubo otra situación con Super Dave. Esta vez, estaba en el techo del proyecto especial. Teníamos más de 40 internos trabajando, ganando $0.85 por hora fabricando muebles. Durante un descanso, Super Dave, que era el encargado del mantenimiento de la parte superior del edificio, estaba limpiando las áreas donde trabajamos.

Tuvo la oportunidad de llegar a la azotea, caminando cerca de las canaletas, cuando él gritó mi nombre en voz alta: "¡Chwsh, Chwsh!". Yo y otros reclusos nos giramos para mirar hacia arriba, tratando de ver si el oficial correccional en la torre podía verlo. Super Dave quería decirme:

—"Lo tengo ahora; esta vez lo haré bien".

—"¿De qué estás hablando? No veo nada".—Le respondí.

Super Dave estaba en la parte superior del edificio, pero no vi cuerdas ni nada similar, solo una gran lona. Comenzó a mover el nylon con ambos brazos, de arriba hacia abajo, mientras la lona se movía de un lado al otro flotaba por el viento, él quedó atrapado debajo de ella. El viento en Sandia Crest era fuerte, y lo mismo ocurría en Las Cruces.

En ese momento, todos vimos que Super Dave empezaba a tener problemas para controlar la lona, que comenzaba a levantarse con el viento. Se intentaba sujetar, pero el viento la atrapó de nuevo, haciendo que flotara. La cuerda de nylon tiró hacia arriba, y entonces escuchamos las últimas palabras de Super Dave:

—"No quería irme ahora; este no es el momento".

Parecía que estaba siendo levantado por el aire, a una velocidad de 15 a 20 mph. Sin embargo, la cuerda de nylon era un poco larga, y mientras subía, todos empezamos a gritar:

V "¡Vamos, vamos, vamos, Dave! ¡Vamos, Super Dave!". Pero terminó estrellándose contra la valla de alambre de púas.

Como consecuencia, nos encerraron durante dos semanas, bajo la sospecha de que los reclusos intentaban escapar, aunque él fue el único que lo intentó. Se dijo que tuvieron que cortarlo completamente de la malla de alambre de púas. Se lastimó la pierna, el brazo, el cuello y el cuerpo.

Después de 9 o 10 meses, se mencionó que Super Dave hizo un último intento de escape. Caminaba cojeando desde el accidente en el alambre de púas, lo que le daba un andar peculiar, pero estaba bien. Había un oficial de corrección en el complejo que se parecía a él, y Super Dave decidió usar eso para su plan. Aunque nunca había visto a ese oficial antes, se acercó a él, lo empujó dentro de la sala de control, le quitó la radio, lo ató y salió al estacionamiento con las llaves del auto del oficial. Sin embargo, al intentar escapar, no supo cómo encender el auto. Había estado encerrado tanto tiempo que no sabía que ahora los autos se encendían con solo pulsar un botón.

Los policías finalmente lo atraparon después de cinco horas en el estacionamiento; las cámaras revelaron su escondite. Después de eso, nunca volvimos a ver a Super Dave. La prisión estaba tan avergonzada por lo que él había hecho que su nombre se convirtió en leyenda; los reclusos empezaron a usar su nombre como símbolo de transformación: "Super Dave" para referirse a alguien que quería salir de esta prisión.

Unos meses más tarde, mientras estaba sentado en mi celda leyendo mis escrituras y comiendo sopa de fideos ramen con salchicha y un poco de queso derretido, unos amigos vinieron a mi habitación preguntando por mí. Uno de ellos le gustaba ser llamado "Medio Muerto", era Colorado

Alexander Pickering, mejor conocido como "El Vale". Se encontraban: Daniel Lacy, AJ Houston, Tyrone White y Jeffrey Epps. Jeffrey me dijo:

—"Necesito tu ayuda, Chwsh. Se llevaron a mi niña Josie".

Le pregunté: "¿Qué pasa con Josie? ¿Está tu familia en el mundo libre? ¿Le va bien?".

—"¿Josie? ¿Te refieres a tu hija, verdad? Se la llevaron". —

—"No, Chwsh, hablo de Josie, mi compañera de cuarto en el S&M. Se la llevaron diciendo que la querían de vuelta porque no pagué suficiente por ella. Hasta ahora he pagado más de $3,500".—aclaró

Entonces les dijo a todos: "Prepárense; vamos a la guerra". Traté de calmar a Epps, pero él siguió diciendo:

—"¡No es por falta de respeto! No lucho por algo insignificante. ¡Lucho porque eres el único hombre negro en esta vaina y quieren eliminarte! ¡Lucho porque violaron tus derechos! ¡Lucho porque es la única manera de salir de esto! O cuando alguien intenta quitarte tu dignidad".

—"Ahora me dices que vas a la guerra porque tus intenciones sexuales son amar a un hombre en lugar de a una mujer. Adelante, envuelvelos, pon cinta adhesiva alrededor de ambos, apila los libros y déjalos ir. Si alguien quiere ir con ellos, adelante; yo no participaré. Lo siento, sigo siendo tu amigo, pero no un amigo tonto".— le dije

Jeffrey Epps era el mismo hombre que conocí en el correccional de Santa Fe, quien me había pedido consejo sobre su caso. Había estado en prisión por 15 años seguidos; su sentencia original era de 565 años, pero se redujo a 365 y ahora a 275. Él solía decir:

—"Se dice que disparé un lanzacohetes y volé toda la ciudad intentando destruir la casa rodante donde mi chica me estaba engañando".

Le advertí que, si seguía con esta lucha, se arriesgaba a ser condenado nuevamente por asesinato o por lo que fuera que hiciera, lo que arruinaría sus sueños. Le dije:

—"¡Que le den al Rey! Eres un soñador con oscuros lazos que atan tu mente".

Unas semanas antes del motín en 1996 en Las Cruces, hubo una discusión sobre cuántos violadores, pedófilos y abusadores teníamos en los establecimientos de población general. Sánchez me dijo que había un grupo de hombres negros involucrados en esos delitos. Le respondí:

—"La primera vez que tuvimos esta conversación fue en 1994 en el correccional de Santa Fe; hablamos del mismo tema y eso no era relativamente cerca porque solo tenemos 125 hombres negros en este complejo".

—"125 hombres negros en este complejo que consta de un total de 595 hombres; el resto son mexicanos y españoles", continuó. "Si cuentas uno o dos asiáticos y alrededor de 165 blancos, solo quedan 305 aproximadamente entre mexicanos y españoles".

—"Así que lo que me estás diciendo es que hay rumores sobre más de 200 hombres negros encarcelados por delitos sexuales relacionados con violadores y pedófilos..."—Sánchez dijo:

—: "Te diré 50 encarcelados y 35 en general; no necesito buscar ni preguntar a algunos tenientes o incluso al alcalde para obtener información sobre esto antes de entrar en la banda, solo había tres o cuatro personas, como mucho. No nos ocupamos de eso; si nos enteramos de que alguien tiene ese tipo de crimen, no será parte de nuestro Sindicato de Texas. Pero no se podía probar, y yo no creo que ¿Te acuerdas de su último líder llamado Ángel? ¿Por qué renunció?

—Sí, lo recuerdo, pero nadie nunca supo por qué Ángel renunció, dijo Sánchez. Entonces le respondí que renunció porque tenía cargos de violación de bebés y la pandilla lo descubrió; lo hicieron renunciar a su trono.—le respondí—"Sobre todo, lo que él más quería era salir de la prisión; había visto la luz al final del túnel y se dio cuenta de que este año se acercaba. ¿Cómo lo sé? Porque hablé con él cuando estaba encerrado cumpliendo mi condena aquí en Las Cruces, antes de ser transferido a la penitenciaría central. Esta es la tercera vez que regreso a Las Cruces. Ahora hay más de 270 miembros en su banda."

Sánchez dijo que no le gustaba escuchar eso y que le gustaría ver más pruebas, pero le respondí que haría mi tarea y volvería a hablar con él sobre el tema.

"¿Qué pasa con los que tienen los mismos cargos?", le pregunté.

"Chwsh, te creo. Odio decirlo, pero sé que no me mentirías, al igual que yo no te mentiría", respondió Sánchez. "No pensé que volvería a hablar contigo sobre esta misma conversación".

En 1996, un día en Las Cruces, mientras jugábamos baloncesto, vi a un preso sentado en las gradas observándonos jugar. Le decían el intimidante Roswell. Era un buen hombre, temeroso de Dios. Me dijo:

—"Mantén los ojos abiertos y mira a tu alrededor, Chwsh".

Después, Art, que trabajaba como recreador del gimnasio, también recibió una advertencia de un teniente correccional llamado LT, quien era conocido por ser anti delator. Me llamaba "Stretch" porque siempre decía que me estiraba sobre los demás para hacer mates. LT me dijo:

—"Puede que ocurra algo cerca del gimnasio, ten cuidado".

Cuando los chicos de Sánchez entraron corriendo al gimnasio, uno de ellos me dio una advertencia:

—"Vamos, tengo el pasillo despejado para que salgas del gimnasio". Me detuve inmediatamente y grité

—: "¡Hey! AJ Houston, Tyrone White, Daniel Lacy, salgamos del gimnasio". Corrí hacia la puerta y vi a 300 reclusos a la izquierda, intentando romper la puerta exterior para entrar al gimnasio, donde estaba por comenzar la pelea.

Después de que el intimidante Roswell se fue, otro recluso empezó a lanzar pesas de 75 libras mientras jugábamos baloncesto. Un preso fue noqueado o golpeado gravemente en la cabeza. Luego apareció un hombre llamado Ishemoo, que medía 6 pies y 11 pulgadas, y pesaba 254 libras. Golpeaba a cada miembro del SNM una sola vez, dejándolos inconscientes en el suelo. Se decía que tenía más de 24 combates, uno tras otro.

Ishemoo era de Nueva York y fue el responsable de incitar un motín. Se decía que había causado la muerte de más de 18 oficiales de prisiones en el centro correccional de Nueva York ese año. Por eso, el alcalde ordenó su transferencia a Las Cruces. Era tan temido que era el único hombre que podía llevar un durag en el comedor sin que ningún oficial se atreviera a decirle que se lo quitara.

Un día, Ishemoo quedó atrapado en el gimnasio cuando un hombre salió corriendo de la multitud, dejando caer pesas y barras. Intentó agarrarse del aro de baloncesto, pero no se dio cuenta de que la estructura era frágil. Mientras se sujetaba, otros lo bajaron a la fuerza y lo empujaron al suelo. Agarró una barra de pesas y se la lanzó a la cabeza de otro preso, aplastando el cráneo del hombre llamado J Doobie.

El mejor amigo de J Doobie, Joe Compost, apareció de la nada, se abalanzó sobre el cuerpo de su amigo y recogió lo que quedaba de sus sesos en una bolsa de plástico. Más tarde, lograron poner su cráneo en hielo para preservarlo.

Después de ese caos, salimos corriendo por la puerta y logramos pasar la primera entrada. Un oficial correccional cerró la puerta detrás de nosotros mientras nos escoltaban hacia el comedor. AJ Houston y yo nos colocamos espalda con espalda sobre las mesas, listos para luchar. Mientras tanto, Daniel se dirigió rápidamente al ala P, y Tyrone se unió a nosotros.

AJ y yo permanecimos atrapados en lo alto de una mesa durante dos horas, sin movernos, mientras los cuerpos comenzaban a apilarse. Corrimos hacia un preso llamado el intimidante Roswell, que apareció de la nada con 240 reclusos:

—"¿Pueden llegar al pasillo?", preguntó.

—"Sí". Le respondí.

AJ estaba detrás de mí cuando el intimidante Roswell, gritó:

—"¡Deténgan a todos los oficiales!".

Los oficiales correccionales empezaron a golpearnos mientras corríamos hacia los pasillos para destrozar nuestras celdas. Todos nos unimos para protegernos y asegurarnos de que nadie recibiera una paliza, además de evitar que el Sindicato de Texas eliminara a todos los hombres negros.

Después de todo eso, Roswell desapareció entre la multitud y se mezcló con los demás internos. Mientras tanto, helicópteros sobrevolaban la prisión, con oficiales correccionales detrás de nosotros, acompañados de perros y focos que iluminaban todo a nuestro alrededor. Corríamos desde todos los ángulos por encima de la prisión hasta que en febrero 18 de 1996, todos fuimos transferidos a la cárcel del condado de Dallas. Esto trajo cambios importantes al ambiente; fue uno de los peores situaciones jamás registrados. Hubo una guerra entre las pandillas Crip y Bloods, y también contra otros gánsteres.

John Shanks calificó este periodo como un cambio significativo. El nivel de puntos de los reclusos fue revisado según el tipo específico de crimen y su historial. Si tenías demasiados puntos, no podías acceder al nivel seis, y si no eras de ese nivel... Bueno, nosotros ya estábamos en el nivel seis.

También encerraron a miembros del Texas Syndicate y S&M junto con los Latin Kings en Las Cruces para mantenerlos controlados. Los Latin Kings fueron enviados por orden del Secretario de Estado, junto con John Shanks.

En 1996, fuimos transferidos a Dallas junto con todos los "chicos malos", pero el preso llamado Super Dave no fue transferido. Sin embargo, quienes ellos pensaban que podían causar problemas también fueron enviados allí. Además, todos los televisores y radios tenían que ser de carcasa transparente; no más carcasas negras, ya que por ellas pasaban los cuchillos y armas a Las Cruces.

Había unos 300 prisioneros hispanos y mexicanos enfrentándose a 15 prisioneros negros atrapados en el gimnasio, con la puerta cerrada.

En la cárcel del condado de Dallas, Texas, solo pasó un mes y seis días antes de que alguien cavara un agujero en la pared con una cuchara, lo suficientemente grande como para que cinco reclusos escaparon al estacionamiento. Después de eso, un oficial declaró que los "duros" reclusos de Nuevo México no podían quedarse allí.

Tras enviar a 300 reclusos a Dallas, quedamos unos 45. Estábamos ahí: Daniel Lacy, Andrew Miller, Smitty, Kevin Smith, otro recluso llamado "Mono", y yo. Mientras Andrew y yo jugábamos al dominó, nos dimos cuenta de que la puerta lateral a la siguiente celda estaba abierta porque los oficiales de corrección la habían dejado sin cerrar.

Mono vio a un joven orinando y dijo:

—"Ese tipo es sexy, me gusta". Caminó hacia Kevin, quien estaba orinando, y le dijo:

—"Eres muy sexy". Kevin se dio la vuelta y le respondió:

—"No soy de esa manera", lo que provocó que Mono se enfadara y se acercara nuevamente.

—"¿Qué dijiste?", le preguntó Mono.

—"Te he dicho que no soy así"Kevin repitió.

Mono, sin decir más, le dio un puñetazo en la cara, otro en el estómago y, finalmente, un golpe en la cabeza que dejó a Kevin inconsciente. Luego, Mono le agarró los pantalones y comenzó a bajárselos mientras gritaba: "¡Niño de cuna de oro! ¡Niño de cuna de oro! ". Cuando Mono intentaba violar a Kevin.

—"¡No voy a ver esto!". le dije a Daniel Lacy:

—"¡Mono, detente ahora mismo!", grité,

—"Esto no te concierne, Chwsh; estoy tomando su Tootsie Roll". Mono respondió.

Mientras todos nos reuníamos alrededor de Mono, yo pensaba que no podría enfrentarse a los 45 de nosotros. Si creía que podía, lo intentaría. En silencio, rezaba para que este hombre no cometiera esa atrocidad.

Finalmente, Mono se detuvo y dijo: "Esto es solo por ahora, pero no para después", dejando a Kevin tirado con los pantalones bajados hasta las rodillas. Le ayudamos a levantarse y le subimos los pantalones.

En 1996, recibí un nuevo juicio por mi condena original bajo el abogado Darryl, y fui enviado a la cárcel del condado de Dallas ilegalmente. Presenté un recurso de legal, pero dos reclusos no estaban de acuerdo con ello. El Dr Andrew Miller no estaba conforme con cómo Robert Moore manejaba el caso del preso apodado "One eye". Andrew intentaba explicarle a "One Eye" que estábamos presentando nuestros casos conjuntamente, y que si seguíamos así, todos seríamos desestimados con perjuicio.

Debimos haberlo hecho por separado, el caso fue desestimado con perjuicio porque nos agrupamos. Ese mes fue muy triste; estuvimos en la cárcel del condado por un mes y una semana antes de que nos enviaran de vuelta al Centro Correccional de Nuevo México.

Cuando llegamos al Centro B, me asignaron la habitación 135 y a Lacy la 134. Estuvimos juntos no más de 25 minutos cuando, de repente, 23 personas irrumpieron en la habitación de Lacy. Yo salí corriendo de mi cuarto y me abrí paso entre ellos para entrar. Todos estaban acorralando a Daniel Lacy, amenazándolo: "Eres hombre muerto".

—'Caballeros, caballeros, ¿qué está pasando?'", pregunté. Gilbert Serna y Jake Chaves eran los principales oradores de la reunión. Ellos respondieron: "Tú puedes salir, Chwsh; esto no tiene nada que ver contigo". dije.

Habían estado esperando a Lacy durante 11 años, y al salir, se regocijaban, levantando el puño y gritando:

—"¡Finalmente tenemos al hijo de puta! ¡Maldito! Por fin lo tenemos; hemos esperado 11 largos años, y el karma finalmente lo ha alcanzado".

La historia en el pabellon era que los hombres negros eran constantemente atacados, mientras que los hombres mexicanos buscaban graduarse como gánsteres. Estos ataques resultaban en conmociones cerebrales, fracturas, apuñalamientos o golpizas que dejaban a muchos inconscientes. Algunos reclusos quedaban destrozados mental y físicamente, y cada vez que un nuevo interno llegaba, todos tenían miedo de lo que les esperaba.

Daniel Lacy y yo estábamos en ese pasillo.

Le pregunté: "¿Qué está pasando? ¿Qué pasó? Tuve algunos roces con estos tipos antes y salí bien parado".

Lacy me respondió: "Chwsh, tú no tienes nada que ver en esto; eres inocente. No necesitas involucrarte".

Luego añadió: "He sido acusado durante 11 años en un caso de violación; una de las mujeres implicadas es pariente de todas estas personas. La primera vez que peleé con ellos, les gané a todos. Les daré una pelea infernal, pero no creo que pueda hacerlo esta vez".

Me entregó una carta y dijo: "Chwsh, dásela a mi ex esposa, a mis hermanos, y sobre todo a mi hija. Tengo demasiados enemigos aquí".:

—"¿Ya has escrito una carta? ¿Por qué no me lo dijiste antes?"le pregunté

Lacy me miró y dijo:

—"No preguntes más de eso. Vas a darle esa carta a mi familia tú mismo. Vas a salir de aquí; un cambio está por venir. Si ellos quieren guerra, entonces guerra tendrán".

A la mañana siguiente, los mismos hombres volvieron a la habitación. La puerta se abrió y no solo entraron las 15 personas de antes, sino también 20 más. El oficial correccional en la torre simplemente observó y desbloquea las puertas para permitir que otros internos ingresaran. Sabía que no eran del grupo de Sánchez ni de los Latin Kings; uno de los reclusos mencionó que eran rechazados de todas las pandillas.

Se acercaron y dijeron: "Les advertimos que se fueran, pero como no lo hicieron, morirán los dos". Parecía ser la salida fácil. Como verdaderos guerreros, le di un golpecito a Lacy en la pierna y le dije: "Está bien, vamos a P.C." (custodia protectora), aceptando que caminaremos voluntariamente hacia la protección

Le pregunté: "¿A qué hora podemos hacer esto?".

Me respondieron: "A las 12 del mediodía, mañana". "Bien, trato hecho", dije. Salimos de la habitación. Lacy fue al patio y les dijo a todos los que estaban por ahí:

—"Solo llevo aquí dos días, pero necesito conseguir algo de metal, lo que sea que puedan ofrecerme". El ambiente se volvió tenso, y nadie dijo nada.

—"ntonces Lacy me dijo: "Voy a ir a la guerra mañana por la mañana. Necesito un cuchillo". Al no obtener respuesta, comencé a caminar, con la vista al suelo, y noté un hilo de estambre colgando en la arena.

Lo enrollé en un gran trozo de metal que encontré y lo metí en mi bota derecha. Encontré otro más pequeño y lo guardé en la bota izquierda. Pasé por el detector de metales y regresé al ala B. Lacy me seguía. Antes de entrar al pabellón B, un oficial salió y, mirando a Lacy, le preguntó:

—"¿Es la segunda vez que vuelves aquí? Sabes que tienes que estar listo para mañana por la mañana; no habrá cambios en lo que viene".

—"¿Pero no eres tú el oficial? ¿No puedes hacer algo al respecto?". Le respondí:

Él me miró serio y dijo: "Escucha, no juegues conmigo. Te estoy advirtiendo: vienen por ustedes". Mientras el oficial se alejaba, pensé: "Sé que me estás advirtiendo, pero deberías poder hacer algo siendo un oficial".

A la mañana siguiente, un poco después del mediodía, estaba viendo la televisión cuando el ala B comenzó a llenarse de internos. Entraron uno tras otro, llenando el pabellón. Les pregunté a todos los que no querían que estuviéramos allí que lo dijeran en ese momento, por última vez. Pero nadie habló, ni una sola palabra. Sabía que no todos los que apoyaban a sus líderes estaban presentes; solo vi a Gilbert Serna y a Jake Chaves, pero los demás no estaban.

Me quedé en la puerta toda la noche, esperando pacientemente. Finalmente, después del mediodía, alrededor de la una de la tarde, entré en la habitación. Me arrodillé y comencé a rezar:

—"Por favor, Qodash Abb, danos sabiduría. No queremos matar, solo cambiar el ambiente en este pabellón hacia la justicia y la paz, donde todos estemos unidos y nos amemos unos a otros. Pero en este lugar infeliz, nosotros, como presos, nos negamos a ser gobernados sin respeto y compasión mutua".

Cuando Daniel Lacy entró en mi habitación, le dije:

—"No mates a nadie. Haz que sangren, pero no los mates". Lacy me miró confundido y respondió:

—"Chwsh, me han perseguido durante 11 años y tú quieres que les deje vivir. Si lo hago, seguirán intentando matarme".

—"Lacy, dame tu palabra de que no matarás a nadie". Le insistí:

Después de 30 segundos de silencio, mirándome fijamente, finalmente dijo:

—"Está bien, Chwsh. Te doy mi palabra. No quiero matar a nadie".

Salimos de mi habitación y fui al salón a sentarme a ver la tele. Más tarde, oí un alboroto; Jake Travis estaba discutiendo con Lacy. Subí corriendo para averiguar qué pasaba, cuando de repente Gilbert Serna vino corriendo hacia mí con un cuchillo en la mano. En un impulso, lo apuñalé en la parte baja del estómago con su propio cuchillo; no era una herida crítica. Luego lo golpeé con el puño, manteniendo el cuchillo en mi mano derecha.

Le advertí que se mantuviera quieto y que eso era todo lo que iba a obtener. Pero cuando me di la vuelta, me resbalé en su sangre y caí al suelo. Me levanté rápidamente y empecé a ir de celda en celda, tratando de abrir las puertas. La sangre estaba en los pomos y los internos gritaban: "¡No tuve nada que ver con eso! ¡Por favor!".

Fui a la siguiente habitación y traté de abrir la puerta de su celda, pero me gritaron: "¡Soy del estado de Texas! ¡De la Ciudad De Houston!"

Les respondí: "¿Permites que tus propios hermanos sean eliminados sin ayudar?". No pude entrar en esa celda; quería hacerlo más que en ninguna otra. Es increíble cómo todos ahora afirman ser del estado de Texas.

Continué hacia la habitación de al lado y luego a otra más. Odiaba tener que ponerme el traje de serpiente, hombre malo porque, en momentos como ese, deseas eliminar todas las posibilidades de que alguien venga a buscarte. Cuando vi al Mayor White subiendo las escaleras, acompañado de un grupo de oficiales con escudos eléctricos, rodé por el suelo nuevamente, esta vez en la sangre de Gilbert Serna, quedándome tendido como si me hubieran golpeado.

Finalmente, los guardias se dieron cuenta de lo que estaba ocurriendo y salieron corriendo por la puerta, gritando a dos oficiales de la cárcel: "¡Eh! ¡Él es el que está golpeando! ¡Rápido, atrápalo!". Me miraban con las manos en la valla, diciéndome: "¡Ríndete!".

Cuando comencé a correr más despacio, dos oficiales de prisiones y una mujer negra grande y corpulenta se acercaron cada vez más, pidiéndome que frenará. Al minuto siguiente, me vi rodeado por ella, con su pecho sobre mi cabeza, diciéndome: "¡Mira esto! Ahora estoy de vuelta en la unidad".

El Mayor White se acercó y me dijo: "Vas a decirme lo que está pasando; ¿quieres ser un gángster?". Entonces, le respondí: "No sé quién es Daniel Lacy; hice todo esto por mí mismo".

De inmediato, decidieron enviar a Daniel nuevamente a Las Cruces, ya que yo quedé en segregación durante 90 días. El Mayor White regresó y dijo: "Era una buena idea que convocarás una reunión en el ala. Por haber hecho esto, simplemente estabas protegiendo a los tuyos. Voy a retirar los dos cargos de 9 años cada uno por los dos cuchillos con los que te atraparon".

—"Estarás aquí por 90 días sin tiempo. Una cosa más... ¿Quién fue el oficial que te advirtió sobre coger un cuchillo? Dame un nombre; necesito saber quién era".

—"No puedo hacer eso", respondí. "Él me salvó".

A pesar de estar atado con algunas restricciones. Una mañana, un funcionario de prisiones trajo a un preso a mi celda. Un oficial trajo a un preso llamado Rodney County, quien estaba en la población general; fue directamente a segregación solo para encerrarse conmigo y darme su radio antes de irse.

Dentro de una semana, me dijo: "Solo nos conocemos desde hace dos días, pero ustedes hicieron lo que no pudimos lograr en ocho años". Todos estaban tristes porque tú y Lacy habían ido al combate y nadie los había apoyado. "Esta radio es mi única posesión; espero que te brinde fuerza por lo que has hecho por nosotros".

"Necesitamos más personas como tú y Lacy", continuó Rodney. Hice como si fuera a golpear a alguien, y el oficial de corrección me encerró nuevamente.

"Vine aquí para darte esta radio", dijo Rodney. "Realmente eres nuestro héroe".

"Gracias", le respondí. "Ahora sé que eres genuino. Ninguna persona negra, aparte de mi grupo, ha encontrado la gracia y la misericordia que el Señor me ha brindado. Ha iluminado mi camino para que la gente sea justa y respetuosa conmigo. Nunca me han dado nada aquí, solo el Señor a quien sirvo. Pero más allá de eso, hermano, lo aprecio mucho".

Más tarde esa noche, tuve una visión profunda. Estaba durmiendo de manera profunda y noté que me preparaba para comer algo que parecía tener bacterias, como gusanos. Vi la imagen de mí mismo comiendo algo y jugando una parte de mí en el hospital, posiblemente al borde de la muerte.

A la mañana siguiente, dejaron que Gilbert Serna saliera de su celda y nos sirviera bandejas para comer. Se rumoraba que había puesto su medicación, unas drogas, dentro de mi comida para envenenarme. Cuando Gilbert se acercó a mi puerta, el oficial deshizo la mirilla. Después de mi visión, le tiré la bandeja a Gilbert y lo golpeé en la cara, obligándolo a regresar a su habitación.

Después de mis 90 días, todo había terminado. Durante el conteo final de mis 90 días en segregación, el alcalde de la Institución Correccional Central permitió una reunión para comer al aire libre y hacer recreación en el patio, como si fuera una reunión familiar. Todos comenzaron a enviar comida a mi celda para asegurarme de que tuviera suficiente para comer.

Como de costumbre, cuando las cosas volvían a la normalidad y disfrutábamos de una o dos horas, siempre había un cambio en el ambiente. Me enviaron de regreso a Las Cruces; tuve que ir a la enfermería para que un dentista me revisara un problema con una muela. El doctor se acercó y me dijo que necesitaba ponerme una bata y acostarme en la mesa.

Le respondí: "Señor, vengo por un problema con una muela y para que me revisen los ojos y ver si necesito gafas". "Quítese la ropa", me ordenó el doctor. "No me voy a quitar la ropa; estoy aquí solo por mis muelas y para unas gafas".

"Cállese y deje de ser descontento", insistió. "¡Sáqueme de aquí!". Nunca me atendieron; regresé al pabellón unas dos horas después. Decidí ir al gimnasio y pasé por la habitación de Daniel Lacy para recogerlo.

Mientras caminábamos hacia el gimnasio, Daniel Lacy se mostró agitado conmigo y finalmente me dijo: "¿Cómo es que a mí me mandan fuera de la central y tú te quedas aquí? Alguien me ha dicho que ha habido algún tipo de trato". Con el puño cerrado y mirándome con rabia, le respondí: "Eso es cierto; ha habido".

"Si quieres golpearme, hazlo. Eres el único hermano de sangre en el que confío; así que, naturalmente, mi mejor amigo puede pegarme". Serna fue quien trató de envenenar mi comida, y sé que es un hecho porque el Señor me ha dado una visión. Por eso, no quise comer esa mañana y le tiré la comida a la cara; él estaba actuando como un preso especial con privilegios.

De todos modos, le dije al Mayor White: "No sé quién es Daniel Lacy". Él respondió: "Ya me has dicho que has estado aquí 15 años; no quería que acumularas otro cargo de 9 años". "No tenías una vara de metal", le respondí. "Yo sí la tenía y por eso me dieron otro cargo de 9 años por la segunda vara".

Lacy comentó: "Lo siento, pero voy a darle una paliza a esa persona por mentirme". Le respondí: "No, no lo harás; eso arruinaría mi propósito de cuidarte. ¡No hagas eso, por favor! Alabemos a Yachwshah; sigamos trabajando duro para salir de esta prisión".

Varios días después, algunos individuos querían que yo fuera el tesorero del grupo de conciencia negra. Acepté y todo el mundo votó por mí, mientras que Jesse Wright fue elegido presidente. Mi trabajo consistía en manejar todo el dinero y vender pasteles y donas; organizaba hojas con diferentes variedades junto con 15 docenas de donas. Era un grupo muy próspero.

Un día, el presidente decidió venir a mi habitación y me dijo: "Dame una docena de donas sin pagar". "No, señor; no lo haré a menos que me pagues", le respondí.

"¿Has oído lo que te dije? No te estoy pidiendo; voy a tomarlo", respondió Jesse Wright.

"Dije que es cierto que nunca has perdido una pelea", le contesté, "pero perderás si me amenazas de nuevo con esto".

"¿Ahora todo esto es por las donas? ¡De verdad! ¡Guau! Pero tenemos donas de sobra y te voy a dar tantas como sea posible".

"Ahora bien, la próxima vez que vengas a mi celda haciendo demandas, empujaré ese pájaro imaginario que llevas sobre tu hombro y tomaré ese café imaginario que bebes todas las mañanas; lo sostendré en tu mano derecha y lo derramaré sobre tu camisa".

"Jesse Wright", dijo él. "¿Dónde están mis donas?".

"Las tengo debajo de tu cama, donde escondes el resto que salieron del camión". Jesse Wright volvió a la habitación y se disculpó con un abrazo: "Perdóname".

"Está todo bien, Jesse; yo te cubro las espaldas".

Intentamos demostrar a toda la penitenciaría cómo era el grupo de conciencia negra. Lo primero que hicimos fue localizar a todos los hombres negros encerrados. Pedimos permiso para llevar docenas de donas también al área de segregación para darles donas e intercambiar ropa desgastada o rota; les dimos nuevos calentadores, sudaderas y zapatos.

Le di cuatro docenas de donas a el intimidante de Roswell; le di otras cuatro al Sindicato de Texas. El resto se vendía a través del puesto de concesión. Todo el mundo estaba feliz comprando las donas; también podían pedir pasteles con todo lo que conseguimos.

Sin embargo, más tarde surgió un problema con el Sindicato de Texas y un recluso de Latin Kings; ambos tenían un familiar que había muerto fuera de la carcel y no tenían manera de asistir al funeral. Hablé con el grupo y todos dijeron: "¡No! No le den dinero a nadie para ayudar".

Así que les dije: "Parece que tengo que seguir adelante y renunciar a esta causa de conciencia negra, porque si no puedo ser quien, estoy detrás de esta causa justa y ofrecer paz a la gente, ¿cuál es el propósito de ser tesorero? ¡Solo seré el tesorero personal del grupo, pero no para nadie más!".

Al día siguiente, cuando volví para renunciar a mis derechos como tesorero, todo el mundo me dijo: "Si crees que es una razón justa, puedes hacerlo; adelante. No lo apoyamos como grupo, pero sí te apoyamos a ti". Así que decidí darle $900 al Latin King y $900 al Sindicato de Texas para ayudarles a enterrar a su familiar.

Ahora teníamos una cuenta de más de $7800, y si nos enviaban por cualquier razón, el dinero era para los guardias. A pesar de todo el trabajo que hacíamos y de dar a cualquiera que lo necesitara, todavía perdíamos a largo plazo porque nuestra cuenta quedaría en saldo cero cuando volviéramos. Así que esta vez nos aseguramos de que todos recibieron lo que necesitaban antes de irnos.

Cuando regresamos a Las Cruces, el alcalde se enteró y tuvo un problema con lo que hice. Una fuente muy fiable me dijo que estaban buscando derramamiento de sangre y peleas, no paz y amor. Todo el mundo sabía que la información venía directamente de la fuente real: Chuck.

Para pasar el tiempo, siempre jugábamos al póker. La historia de Jesse Wright era interesante; él era el hombre que se preparaba para pelear contra Mike Tyson con un loro llamado Tweety en su brazo izquierdo. Sin embargo, nunca se le veía bebiendo una taza de café caliente; parecía quemarse los labios, aunque en realidad no había café en la taza.

Jesse tenía una escalera de color en su mano en el juego. Nadie realmente hablaba con él, así que mientras yo estaba ganando y sabía que no podía vencer mi mano, me rendí y dije: "Tengo un rock show en mi mano". "Escalera de color", le dije a Jesse. "Solo dime la verdad".

Así que le pregunté: "Jesse, ¿por qué entraste en la penitenciaría? Dime la verdad; sé que tienes algo que contar". "Te doy $197; eso es lo que vale todo esto. Tienes tu olla caliente, tu calentador, tu cafetera, tienes tu traje de calentamiento, y tu cantimplora que te durará dos meses".

"Y este juego de póker", dijo Jesse Wright, "te lo digo; el bote de dinero y la cantina son todos míos". "Yo estaba drogado con crack en una casa de empeño robando AK-47, bailando con un oso de peluche rosa. La película llamada *Colores* se inspiró en mí; era yo quien bailaba con ese oso de peluche rosa. Ellos sacaron esa idea de mí".

"Yo dije: 'Sí, claro; no sé nada de eso'". Jesse continuó: "Te estoy diciendo la verdad; he estado encerrado durante 16 años seguidos".

Cuando escuchamos las puertas abrirse, los oficiales bajaron de la torre y se dirigieron a nuestra mesa de póker. Colocaron un recorte de periódico frente a nosotros, diciendo: "Te dije todo el tiempo que eras tú". En este clip del periódico apenas podíamos ver la foto, pero sabíamos que era él.

Los oficiales comenzaron a reírse una y otra vez; nosotros en la mesa también nos reímos al recordar al tipo de la película *Colores* bailando con un oso de peluche rosa. Ahora entiendo por qué Jesse Wright está tan fascinado con los ositos rosas; él vende sobres con un osito rosa al final de ellos.

Nos reímos todo el camino hacia Seg, hasta que nos encerraron. Luego fui a Santa Rosa, donde, un año después, ocurrió la tragedia que le costó la vida al oficial Ralph García. Que el Señor tenga piedad de su alma. Eso realmente no debió haberle sucedido, ni a él ni a ningún otro oficial. La verdadera persona que buscaban era una mujer, pero dos días antes de este gran incidente, dos oficiales correccionales más también fueron atacados. Todo esto ocurrió porque uno de ellos estaba trayendo drogas a Santa Rosa, pero luego cambió de opinión y se negó a seguir haciéndolo.

Un día después del almuerzo, estábamos todos sentados cuando el 18 St. Diablo comenzó a hablar sobre el tema de las drogas y el dinero. Dijo que si el oficial se negaba a traer la mercancía, habría problemas. Mientras tanto, Mousse y el resto de la calle 18 empezaron a hacerme preguntas sobre la Biblia. En ese momento, todos estábamos en paz, sin discusiones ni peleas. Todos estábamos de acuerdo.

Algunos comenzaron a hablar sobre películas. "¿Has oído hablar de la película El patio más largo con Burt Reynolds? Dicen que están haciendo una segunda parte", comentó uno. Otros dijeron que Nelly es primo de Snoop Dogg. Alguien mencionó: "Bueno, cuando salgamos en unas semanas, veremos si están haciendo una película o no".

Fue un tiempo de relativa calma. Incluso uno de los jóvenes de la calle 18, llamado Reyes, me preguntó: "¿Necesitas ayuda?". Durante casi dos semanas hubo paz.

Empezamos a jugar más a las cartas, como el pinnacle y el dominó. Luego, un hombre llamado Monkey Do se trasladó a nuestra sección. Al mismo tiempo, comenzamos a jugar al póker, y él siempre ganaba todos los juegos.

Al día siguiente, mi amigo KD me dijo: "Hey, Chwsh, ¿por qué no dejas que Monkey Do venga a jugar con nosotros al póker? ¿Tienes miedo de tener algo de competencia?". Le respondí: "No sabes con quién estás hablando. Monkey Do no es quien crees". KD insistió: "Es una buena persona, Chwsh. En serio, lo es". Entonces le dije: "Está bien, llámalo para que venga a jugar".

Fui a la habitación de Monkey Do y le pregunté: "Hola, ¿cómo estás? ¿Te gustaría jugar al póker con nosotros? Jugamos en la cantina; todo está bien". Aceptó. Mientras jugábamos, éramos cuatro: KD, Alan, Valentino y yo. Pronto nos dimos cuenta de que Monkey Do no dejaba de mirar a una persona en particular. De repente, dijo: "¡Espera!", y subió las escaleras para hablar con un chico indio llamado Soshee. Todos notamos que teníamos que esperar porque Monkey Do estaba ocupado hablando con él.

Más tarde, el oficial vino y notó que nadie estaba jugando a las cartas. Me di cuenta de que Monkey Do y Soshee ahora eran compañeros de celda. Luego, KD y Alan vinieron a hablar conmigo, y les dije: "Este hombre es conocido por aprovecharse de la gente. Si pierden en el póker y le deben dinero, lo que él toma no es dinero". KD y Alan dijeron: "¡Oh, no! Tienes razón, Chwsh. Este tipo es un enfermo. Lucharé hasta el final si es necesario".

Esa noche, tuvimos que volver a nuestras celdas a las 7:15 p.m. para el encierro. Ambos se quedaron en su celda durante una hora extra. Cuando salimos de nuevo, Monkey Do y Soshee no aparecieron. El oficial pasó por su celda y notó algo extraño. Al mirar adentro, vio a Monkey Do encima de Soshee.

A las 2:30 a.m., los oficiales hicieron una revisión de la celda y vieron algo mucho peor. Soshee tenía las manos y piernas atadas con una sábana, y Monkey Do estaba encima de él con una cuchilla de afeitar en la boca, diciéndole que se callara. Soshee tenía una sábana alrededor de su cabeza, cubriéndose la boca para mantenerlo en silencio mientras Monkey Do lo forzaba sexualmente.

Los oficiales irrumpieron en la celda, sacando a Monkey Do de encima de Soshee. Sin embargo, Monkey Do se resistía a soltarse. Lo arrestaron y le añadieron 18 años más a su sentencia, con cargos de violación y agresión. Todos fuimos encerrados durante semanas después de ese incidente.

PARTE 4

Sembrar Las Semillas Necesarias

E l año de 1999 Septiembre, 31 en Santa Rosa, mientras organizaba mis libros y escribía en las mesas, estaba estudiando en hebreo. A mi alrededor estaban varios gánsteres de la calle 18, a quienes me hacían preguntas. Les estaba dejando saber 👍

—Ustedes son una generación de la realeza. ¡Reconozcan quienes son! tomen el camino correcto o por el contrario el enemigo vendría y tomaría control como un recipiente y manejarlos como un carro nuevo

Uno de los miembros del grupo, llamado Mousie, me preguntó:

—¿por qué Simón Pedro se llamaba así?— Mousie también me dijo: —"Chwsh, ¿podrías explicarlo en términos sencillos?"

Le respondí

—Simón no es solo un nombre, es una tribu. Simón (Shamwn) significa "fuego de la gente en la hora del ojo". ash-gente, am-tiempo, w-búho, n-ojo o rey. Recorda las 12 tribus de Israel. Si hay 12 tribus, hay 12 patriarcas, 12 puertas, 12 ciudades y 12 príncipes, y también los 12 apóstoles, pero todavía hay solo 11, haciéndoles saber que no importa. no importa cuanta gente esta contigo siempre hay uno que te puede engañar.

—"¿Podemos estudiar todos los días y aprender día a día?»—preguntó Moises.

—¿Puedes mantener el espíritu del Señor contigo todo ese tiempo? te pregunto por qué la calle 18 es conocida por golpear o incluso matar a dos internos cada mes, y si no los matan, los golpean severamente. ¿Puedes detener lo que están haciendo?".

—Mousie me miró muy perplejo mientras me alejaba.

Un día, mi amigo Valentino García y yo estábamos hablando de la palabra en la mesa. Luego subimos a la habitación, donde le trence el pelo en 8 trenzas que colgaban a unos siete centímetros. Cuando terminé, Valentino se levantó y, mientras bajábamos las escaleras, Diablo, el líder de la pandilla de la calle 18, se acercó y preguntó:

—"¿Quién trenzó el pelo de este chico blanco?"

Valentino era español, no un gánster mexicano, y los mexicanos no se llevaban bien con los españoles. Ni siquiera tenías que ser un gánster, solo ser un preso regular.

—Yo lo hice —. Le dije al Diablo y mientras él se acercaba, le dije —"Parece que tienes genes de otra raza en ti mismo".

Lo dije porque había rumores de que Diablo era parte negro y parte mexicano. Diablo llevaba el pelo completamente rapado, ya que no quería que nadie supiera que tenía ascendencia afroamericana.

Más tarde, Diablo convocó una reunión en la ala E. Tenía a todos los miembros de la calle 18 reunidos a su alrededor. Nos sentamos en un lugar apartado escuchándolo a pesar de que hablaba en voz baja, pero igual sabíamos de lo que hablaba.

—"Parece que tenemos que matar a uno de los nuestros para empezar a hacer disturbios y sacar a tantos pedófilos y violadores como sea posible, incluyendo a los soplones. Aquel oficial de la correccional ha detenido el ingreso de nuestras drogas. No toleraremos esto más. Todos los chicos irán al área del receso, llegarán al gimnasio, y mientras juegan baloncesto, causarán una pelea. Planearemos quién de los nuestros será golpeado en la cabeza. Después de que muera, sabrán que esto no es una guerra de razas. Luego, todos salieron corriendo del gimnasio y volveremos a ala E a nuestras celdas. Entonces, atraparemos al oficial que nos dijo :

—"ya no controlan este lugar y no traer drogas a este lugar para ustedes bastardos."

—También esa perra C O será la segunda en la lista. Nos divertiremos con ella. En ese momento, cerraremos la puerta con las dos máquinas de

Coca-Cola, y desmontamos el interior para obtener cuchillos de metal. Estaremos listos para cualquiera que venga por esta puerta."

—Si no pueden entrar por la puerta,—preguntó un recluso.

—¿Cómo conseguiremos que la mujer entre? —preguntó otro recluso.

—Cualquiera que regrese del gimnasio después de que hagamos lo que dijimos dentro del gimnasio, atrapará a la mujer y la llevará al ala E junto con ese oficial que se niega a traer las drogas como solía hacerlo. El estará aquí como de costumbre, porque dijo que mañana era su último día trabajando en nuestra ubicación."Finalizó el plan Diablo mientras se reía con los demás reclusos.

Todo el mundo se reía, pensando que era una broma. Eran alrededor de las 7:30 p.m, esperando a que transcurra la noche con absoluta normalidad. Cuando, a la mañana siguiente, tuvo lugar el asesinato de Ralph García. Valentino y yo decidimos seguir adelante y salir a las jaulas en el exterior para nuestro receso de 30 minutos, en lugar de ir al gimnasio durante una hora y media. Más tarde, iríamos a la biblioteca de leyes a hacer nuestras copias durante nuestra hora extra.

Sabíamos que iba a haber un cambio dramático en el gimnasio al día siguiente. Comenzamos a recordar como era antes en las instalaciones de Santa Fe en donde se había cerrado la unidad completa permanentemente por muchos disturbios, muchas muertes. Encontramos un arma en 1978, dos smith y arama occidental, un túnel subterráneo que llevaba debajo del estacionamiento. (Y si es cierto hay una película que se está filmando en esas instalaciones en este mismo segundo). Mientras cruzaba la cerca pude ver 3 individuos posiblemente 4 la verdad es que no sabía si era el rapero Nelly, o que tenían en sus manos solo se que nos notaron y comenzaron a caminar muy lentamente hacia nosotros, acercándose cada vez más a la valla.

Mientras lo hacían, los helicópteros sobrevolando cerca nos dieron una advertencia, causando una distracción. Pusimos nuestras manos en la valla, mirándolos directamente. Mi corazón se aceleró; si supieran lo que está por suceder, se pondrían de nuestro lado y se dirigirán a las autoridades adecuadas para exponer el caos que está a punto de estallar en esta cárcel de Santa Rosa. Se darían cuenta de lo que realmente ocurre aquí. Pero mantenerlos alejados de todo esto es la única forma de mostrar verdadero respeto a los íconos que soportaron su propia persecución en la vida.

"Es hora de ponernos manos a la obra y revisar las nuestras" pensé Valentino de manera bastante seria me preguntó:

—"¿No me dijiste que le escribiste una carta a Al Sharpton?"

—"Sí, amigo," respondí. "Pero si piensas que los guardias que se encargan de maltratarnos, dejarían que esa maldita carta, salga de este maldito lugar, estamos completamente mal con lo que creemos que va a suceder, al punto que quedamos como idiotas, por tener falsas esperanzas"

Nos comenzamos a ir. Al caminar hacia atrás para que nos esposaron, nos dimos la vuelta enfrentándonos a dos oficiales correccionales. Les dije

—: "Si no tienen apoyo, más vale que estén listos para la guerra. Necesitan llamar a Moya Tafoya."

El oficial respondió:

—"Sí te escuchamos ya sabemos que pasará mañana por la mañana, es mejor que quede solo como un rumor sabemos que no es cierto " revisen mi historial, alguna vez les he mentido. He salvado a muchos oficiales.— le dije

—lo siento Chwsh, todo parece ser un rumor— dijo el oficial Nos llevaron al gimnasio, les pedí si podíamos ir a la librería ;

—Es lo menos que puedo hacer por ti y valentino — dijo el oficial

A la mañana siguiente valentino y yo fuimos a la librería de leyes por segunda vez pero antes de llegar le dije al oficial :

".¿de verdad creen que solo es un rumor ? Si el Sr. Moya Tafoya, el director, se llega a enterar o darse cuenta de que no tuvieron la amabilidad de escucharnos o que no tomamos en cuenta nada de la información de lo que realmente pasa para informarle sobre esto, el director no dudaría en dejarlos sin trabajo en esta cárcel."

Los oficiales correccionales salieron corriendo hacia el gimnasio. Dos de ellos escoltaban a un par de internos de la calle 18 que salían del gimnasio. Les pregunté a los internos qué pasaba adentro.

"¡No sé si se quedaron atrapados! ¡Mousie! ¡Ratón! Está en la calle 18. No sabemos por qué golpearon a Mousie," dijeron.

Mientras Valentino y yo nos acercamos a ala E, podíamos sentir la tensión en el aire.

—¿lo puedes sentir?," le pregunte a Valentino

—Si, Algo va terriblemente mal — dijo valentino mientras nos acercabamos más al ala

E. pudimos distinguir a la oficial mujer fuera de las puertas le pedimos que se mantuviera alejada de las puertas y pidiera refuerzos.

—"¿Qué dijo esa perra?" me pregunto el diablo que se había acercado a nosotros.

—"Ella dijo '¡cierren todo, cierren todo!'" Val respondió. Diablo se acercó y preguntó:

—"¿Solo necesitamos que afirmen si Mousie está muerto o no?"

—"Lo golpearon en la cabeza. Veníamos de la biblioteca de leyes y uno de los muchachos de la calle 18 me dijo que a Mousie lo golpearon en la cabeza y lo llevaron a la enfermería."—Le respondí.

—¿Me estás diciendo que posiblemente no esté muerto?"—El Diablo dijo

—"No, no estoy seguro. No estoy seguro de nada,"— le dije.

—"Entonces, ¿uno de la calle 18 arruinó nuestro plan? ¡Pero encerró a su propio policía dentro con nosotros! No es el C.O. que queríamos, el que hablaba tanta mierda diciendo que ya no va a traer la droga. ¡Que todo se vaya a la mierda! Vamos a darle una cucharada de demostración con Ralph. Vamos a demostrarles quién realmente manda aquí."

Los escuchaba, pero aún no me había dado la vuelta para mirar. Me acerqué a mi amigo, K D, y empecé a explicarle lo que estaba ocurriendo en el gimnasio. Salió corriendo al instante. Luego me acerqué a otra persona para explicarle, pero también se fue corriendo. Cuando me di la vuelta, logré observar a Ralph García ya en la puerta, con tres cuchillos clavados en su cuerpo. La puerta estaba abierta, y trató de correr hacia ella, extendiendo las manos. Pero la mujer había cerrado la puerta, sabiendo que estaba en una batalla, que no solo se trataba de quien tenía el poder realmente. Ralph García, con las manos extendidas, dijo:

—"Escucha, no le diré a nadie."

Diablo, saliendo de debajo de las escaleras con un trozo largo de metal que parecía una espada samurái, le dijo:

—"Tienes todos estos cuchillos en ti y dices que no le dirás a nadie."

Diablo empujó lo que parecía una especie de espada a través del pecho de Ralph García, quien cayó de espaldas al suelo. Mientras yo miraba, Diablo se inclinó sobre él, sosteniendo el cuchillo con su mano derecha, y lo metió en su pecho tres veces. Uno de los chicos de la calle 18 se acercó a Diablo y le gritó:

—"¡Lo estás matando, lo estás matando!"

"Sí," —respondió Diablo. —"¿Cuál crees que era mi intención desde un principio? Y si a alguien no le gusta, que venga a esta puerta."

Diablo, Reyes, y el resto de la calle 18 agarraron las máquinas de Coca-Cola y las empujaron contra la puerta, haciendo que las puertas quedarán trancadas. Nadie podía entrar. Todos los internos se separaron corriendo hacia sus celdas. Las luces fueron apagadas permanentemente. 8 o 9 oficiales entraron a recuperar el cuerpo del oficial Ralph Garcia del ala E. estaban con escudos y unas armas eléctricas pr-24, tiraron bombas lacrimógenas en cada celda por debajo de las puertas. Rápidamente agarre una media y la moje en el inodoro, cubre mi nariz y boca y mantuve mis manos en el aire

Un oficial entró al pasillo y gritó

—Manos arriba, en el piso.

Una luz roja brillaba enfrente de mí desde la ventana era un helicóptero. Finalmente un oficial que parecía del equipo SWAT entró a mi celdas con una máscara de gas. Me esposaron y también a mi compañero de celda, quien estaba negándose a bajar porque no sabía de qué hablaban. Cuanto más trataba de decir que no quería bajar, más gas pimienta aplicaban en él. Finalmente, nos sacaron a la fuerza, llevándonos rápidamente escaleras abajo a un cuarto oscuro sin luces. Nos sentamos en sillas y, en unos 15 segundos, una luz intensa se encendió directamente en mi cara. Una voz me preguntaba, aunque no podía ver nada porque la luz estaba a unos 8 pies de distancia de mí.

—"¿Quién fue el que mató a Ralph García? ¿Quién realmente lo mató?" decía la voz. "Tengo el mal presentimiento de que tú mataste a Ralph García. Sí, podrías haberlo matado, tú lo mataste. Por eso te estás preparando para tomar un viaje en avión hacia el mejor destino que te pudieras encontrar por mala conducta."

Comencé a sentirme completamente débil por todos los golpes que habíamos recibido, con mi cara empujada contra el concreto. Estuve completamente inconsciente y no pude observar dónde estaba hasta que desperté en un avión. Estábamos siendo enviados a Big Stone City, Virginia, a una de las tres instalaciones de máxima seguridad en todo Estados Unidos. Así fue como salimos del Centro Correccional de Santa Rosa después del asesinato de Ralph García, que lo cambió todo.

Nos montaron en el avión esposados, y después de tres horas llegamos a Big Stone Gap. Nos alinearon como en una base militar listos para la guerra. Los oficiales correccionales de Big Stone Gap se acercaron y comenzaron a hablarnos.

—"Ayer te dieron una gran golpiza," dijeron. "Sé que ya estabas muerto en vida. Consideramos que ayer murieron, pero las malditas personas de tez oscura siguen regresando."

El interno Coody Jackson, con calma, dijo:

—"No, señor, no es igual para todos. Esta es mi primera vez aquí." El oficial correccional continuó:

—"Los seguimos matando y siguen regresando." Se inclinó hacia mí y susurró:

—"Chwsh, no sé de qué está hablando. ¡Juro que nunca he estado aquí antes!"

Miré a Coody con una cara inexpresiva, sabiendo que el oficial correccional estaba tratando de meternos miedo, jugando con nuestra mente, nuestras emociones. Preferí no darle ningún tipo de respuesta, manteniendo el rostro totalmente neutral. Cuando finalmente pudimos entrar, en la enfermería, nos tomaron muestras o de una manera más simple nos revisaron; la mayoría de nosotros ya nos sentíamos agotados por todo lo que había sucedido. Nos golpeaban en el pecho, dos oficiales, uno a nuestra izquierda y otro a nuestra derecha. Empezaron a decirme:

—"Si tú mataste a Ralph García, te voy a tortura lo suficiente. No sabrás lo que te pego, lo que te dio. Tienes que decir quién lo mató o aceptar que tú lo mataste."

Luego, el oficial, me dio una descarga con un taser de 50,000 voltios. Ambos oficiales colocaron las pistolas taser a cada lado de mis hombros, vi a K. D convulsionando por los 50,000 voltios. Entonces, me desmayé y, al minuto siguiente, desperté en una silla reclinada en la enfermería, totalmente "destrozado," como si fuera un muñeco.

Un hombre se acercó a mí, diciendo:

—"Te dije que acabaría contigo. No sentirás nada."

—"No van a hacerme esto. Soy un ser humano y me conocen como Chwsh." Le respond El oficial de corrección se quitó su placa de nombre y la guardó en su bolsillo superior izquierdo. Luego me miró y dijo

—: "¿Desde cuándo este negro habla también?" Miré al techo y pedí en silencio:

—"Al Yachwshah, dame fuerza, paciencia, favor, y ayuda." Una calma y paz se apoderaron de mi cuerpo.

Una enfermera llamada Mary Beth apareció en la escena y se puso frente a mí, bloqueando al hombre que me interrogaba. no eres nadie para intervenir -dijo el oficial

—dejalo en paz. dijo mary beth

Me dejaron ir y la enfermera Mary Beth me ayudó y permaneció conmigo a todo momento asegurándose de nunca dejarme solo, me baño y dijo:

—"No creo que intentarán violarte. Querían ver si habías ocultado drogas en tu cuerpo. Espero que te sientas limpio, porque probablemente te irás a una celda en un par de días." Después de tres días, me enviaron a una celda. La zona entera estaba marcada con líneas rojas y tuvimos que firmar documentos sobre qué tipo de balas preferíamos en caso de un incidente: balas reales, bolsas de frijoles o munición de goma. Ningún oficial me acompañó a mi celda.

En un momento, un recluso accidentalmente cruzó la línea roja y un oficial disparó desde una ventana de vidrio, alcanzando al joven. Luego dijo:

—"¡Dios! Me olvidé de dispararle con la bolsa de frijoles." Nos encerraron durante tres horas antes de que pudiéramos salir. Estamos en el nivel más alto de seguridad, uno de solo tres en los Estados Unidos, donde la mayoría están en la fila de la muerte esperando la inyección letal. Nadie aquí puede salir en dos años, excepto los reclusos de Nuevo México que están en el nivel máximo 3.

Un día, mientras caminábamos hacia el comedor, unos internos adicionales venían delante de nosotros. Uno de ellos se nos acercó y preguntó:

—"¿De dónde son ustedes?"

Nos detuvimos en la torre alta y lo miramos con las manos en alto. Él repitió:

—"¿De dónde son ustedes?"

Entonces, una voz fuerte desde un altavoz dijo:"

—Tienen cinco segundos para moverse."— Rápidamente retrocedimos, levantando las manos, y dejamos el área de inmediato.

Escuchamos que el gobierno de Nueva York descubrió lo que nos había pasado en el traslado así que ofrecieron ayudarnos. Comenzaron a trabajar desde Nueva York para que regresamos a nuestra jurisdicción que alguna vez fue Big Stone. Solo diré que Ciudad de Virginia o Lee Roy Torres son los que tuvieron el poder de trasladar no solo 205 reclusos sino también a cada mal chico con ciertas características que pudieran trasladar a. Los de Roswell tampoco estuvieron involucrados. Cada persona de cada área de Albuquerque en la prisión tuvo su propia experiencia en la Gran Brecha de la Ciudad de Piedra. Cuando los guardias de la prisión en la Supermax de Virginia se enteraron de que íbamos a salir en un plazo de 2 años, ya no podían tener poder sobre nosotros. Cruzamos las líneas rojas y ya no podían dispararnos, por lo que no les quedó más alternativa que enviar a cada recluso con delitos sexuales a un programa de registro de experimentación de ofensores sexuales.

Este programa estaba dirigido por Fitzgerald Andrea, jefe clínico con dos maestrías. Ella me hizo mentor de más de 25 personas. Entendía todo lo que yo decía. Dentro de este centro correccional, ella era la psicóloga clínica más valiente y decidida. Cuando fui a ver a mi asistente Alicia para discutir mi tiempo de buena conducta, me seguía pidiendo que llamara al número de contacto. Con suerte, podría lograr hablar con mi mamá, así tendría un lugar para llegar cuando me dieran la libertad condicional.

En lugar de intentar la libertad condicional en Albuquerque, tuve que verificar si mi madre todavía vivía en su casa en 1928 Delaware Street. Alicia me dio un papel y dije

—¿Quieres decir que después de 12 años conseguiste su número?

—llamala y mira que puedes hacer — me dijo

Alicia C Tafoya me estaba explicando que mis 550 días de la cárcel del condado nunca fueron apuntados y archivados en la computadora sobre mi caso.

—Recuerda fui yo quien autorizo tus 17 libros de la Biblia que ya están escritos en hebreo. esta bien alicia — le dije un poco frustrado

—¡Lo sé Richard! no estoy intentando evitar que salgas. Esto fue un error. Deberías haber estado fuera desde 2002. Lo hicieron en el momento equivocado. Tal vez puedas llamar a tu abogado, Paul Livingston, y decirle que deberías haber salido desde 2002. Lo siento, Richard, pero la única persona que puede arreglar esto es Morya, nuestro verdadero director. Podrías escribirle al Sr. John Shanks, pero no hay nada que pueda hacer. Lo siento."

Aun así, mi tiempo se acercaba. Si no lograba salir, estaría quemando el tiempo restante, hasta el punto de no tener nada más que hacer afuera y agotando mi número. Entré en mi cubículo, me senté y luego me levanté para llamar una y otra vez.

Finalmente, alguien contestó el teléfono; parecía ser mi madre.

—"Hola"— dije— "¿Es la residencia de Emma Johnson?" Ella respondió:

—"Sí, pero ahora me llamo Emma Benoit. Me casé hace unos años y volví a casa. Fui expulsada por sus hijos y estaba viviendo con Curly Benoit.

"Entonces le dije:

—"No es de extrañar que seguía enviando cartas y volvían con la etiqueta de 'devuelto al remitente'."

Ella explicó que había vuelto recientemente y que sus hijos ya habían crecido. Además, Curly le dio el poder notarial y la hizo responsable de tomar las decisiones finales sobre sus asuntos. Me contó que había estado casada durante 10 años y que recientemente Curly le pidió que fuera su apoderada para encargarse de todo, incluyendo una póliza de seguro que ella había pagado con su dinero. Cuando él falleció, los niños se hicieron cargo de los asuntos funerarios.

—¿Quién es ? suenas como Leo, Leslie — pregunto

—no mamá, es Richard — le dije

—Richard! hijo en donde has esta?—me pregunto

—Encerrado, mamá, y Big A se las ingenio para llamarme, la persona que estaba con él se contactó conmigo hace un año, él sabía dónde estaba.— le dije

—¡Seguro..! Si este es Richard, ¿cuál es tu número de seguro Social ?— pregunto mama.

—#4#015####— respondí oh dios si eres mi hijo, nos tenías preocupados. bueno papá sabía dónde estaba — le dije si pero estuvo investigando dónde estabas— dijo mi madre

He estado encerrado desde 92/94 con sentencias en una cárcel del condado del 94 al 2005. Saldré dentro de 3 a 4 meses a partir de ahora. Querían que yo pudiera salir en libertad condicional a Beaumont, no al condado de Bernalillo.

—Mamá dijo: "Vamos, necesito ayuda !vuelve a casa,Todo estará bien ahora. Te amo mucho."

—Yo también te amo"— respondí. —Ten cuidado, voy a llamarte de nuevo antes de que me vaya. Dije mis despedidas y luego me acerqué a dos guardias que me preguntaron si estaba listo para la mañana a las 5:30.

Le di mi radio a alguien que pudiera necesitarla y también mi ropa de invierno para quien la pudiera usar. Recordé cómo este cambio trajo consigo una nueva clase de amigos desde que comenzó la experimentación. Me despedí de Andrea Fitzgerald quien me dio un abrazo mientras se despedía, Lo mismo pasó con Resheem, Kyle Allen de quienes me despedí y abracé por última vez. Camine hacia la entra de Santa Rosa y un oficial me preguntó :

—¿Necesitas pantalones ?"

—¡Por supuesto!

—¿Necesitas camisetas?", me preguntaron.

—"¡Claro que sí!

—¿Hay algo más que necesite?"

—Sí, necesito que ese cheque salga lo antes posible para subir al autobús."— dije,

Mientras caminábamos hacia la furgoneta, el día era caluroso y húmedo. El sol brillaba tanto que parecía que había un nuevo sol en este nuevo día. Caminaba sosteniendo una bolsa llena de cosas muy importantes para mí: 17 libros de escrituras junto con mis notas hebreas, documentación y libros que el padre Dennis me había dado a lo largo de los años.

El oficial de corrección se me acercó y me dijo:

—necesitas ayuda con tus cosas

Me negue y crece silenciosamente mientras caminaba al autobús

—" Ala Yachwshah! Ala Yachwshah el hombre espiritual se ha convertido tan fuerte y poderoso en los 13 ½ años. Mezclando en la prisión, ganando 4,700 seguidores." llegando al autobús el Oficial me dijo

—Saldras en el 2004 dos meses y 18 dias, parol a Beaumont Texas

Ya cumpli mi tiempo en prisión, estaré en libertad condicional así que los siguientes 9 meses estaré en libre en el mundo, estos son mis últimos momentos en prisión.

"Las instalaciones de Santa Rosa te cuidarán. Tengo dos personas que estarán en el autobús contigo, y cuando llegues al condado de Bernalillo, en la estación de autobuses Greyhound, también habrá alguien allí esperando para asegurarse de que puedas subir al autobús sin ser retrasado. ¡Por favor! Súbete al primer autobús que veas para ir a Texas. Y solo quiero decirte que me has enseñado mucho sobre amar a mi hermano y a mi gente negra. Ahora sé que son carne de mi carne y hueso de mi hueso, y donde esté en el penta, me aseguraré de no guerrear contra ellos, a menos que realmente haya una razón detrás, y no será por cuestiones raciales, porque somos como uno".—dijo el oficial.

Llegué a la estación de autobuses una hora y media antes, así que me compré algo para comer en una pequeña tienda dentro de la estación. Mientras me sentaba, alguien se sentó detrás de mí. Aún estaba en shock por la cárcel. Le dije a la persona que se sentó detrás de mí:

—"Será mejor que pongas tu trasero al frente.

—¿Qué demonios crees que.?". no logro terminar la oración

—"¡Ups! Lo siento, estoy fuera de aquí. El autobús acaba de llegar", respondí rápidamente.

Corrí hacia afuera, entregué mi boleto y me subí al autobús. Cuando logré encontrar un asiento, me acomodé y noté que alguien frente a mí tenía un par de auriculares con música bien alta. Mientras me relajaba en mi asiento, medité sobre las escrituras de Isaías, finalmente dejando atrás Albuquerque, Nuevo México, en el 2004 en segundo mes dia 18 y 6 horas. Alabo al Senor Yachwshah.

RJhnsn12